滋賀県庁舎本館

庁舎の佐藤功一×装飾の國枝博

はじめに

昭和一四年五月に建築され滋賀県の歩みを見守りつづけてきた「滋賀県庁舎本館」は、平成二六年七月一八日に、デザイン性に優れ「造形の規範」となる建築として国の登録有形文化財建造物にふさわしいと文部科学省文化審議会によって答申され、文化財として保存と活用が図られることとなりました。

「滋賀県庁舎本館」は鉄筋コンクリート造四階建て、屋根は陸屋根で、正面中央に塔屋が立てられています。中庭を囲むロ字型に棟屋を配置し、正面は左右に翼部をのばし、東翼部は知事室などに、西翼部は県会議事堂にしています。外観は、モダニズムを基本としつつも、古典主義的な装飾や堂々とそびえる塔屋などを付加して、全体に洗練された端正な意匠でまとめられています。内部は、要所に古典主義の装飾が施されており、知事室や議場などには密度の高い装飾が採用されています。採光や動線にも配慮され、居住性や利便性を考えた合理的な手法がとられています。この点で、実用性と格調の高さを調和させた県庁舎建築の傑作といえます。

この庁舎は、昭和一一年一二月の県議会での激論の末、昭和一二年一〇月工事に着手し、昭和一五年五月に竣工しました。日比谷公会堂の設計者として知られ、五件の県庁舎を手がけた佐藤功一と、濃密な建築装飾で異彩を放った國枝博が共同で設計にあたり、大林組が施工しました。時あたかも日中戦争期に入り、鉄材の供給が逼迫するなかで多くの困難を乗り越えて竣工したものです。戦後、県行政の仕事が拡大し、空調や電子機器の導入など建物に対する要求も大きく変貌する中で、七五年を経てもこの建物は行政執務に使用されています。戦前の県庁舎本館で、国の登録文化財となったものは滋賀を含めて全国で八例、そのうち現役で使われているのは五例しかありません。これは、佐藤・國枝両氏が取り組んだ庁舎建築の集大成としての設計が、見るものには優美さを、使うものには心地よさを感じさせ、利便性を超える感動を与え続けた理想的な建物であった証しです。

これからも県民の皆さんとともに歩む県政の中枢となる「県庁舎本館」

は、登録文化財となることにより未来へつなぐ遺産となりました。これまで以上に皆さんに親しんでいただける建物として、さらに時代を超えて使われ続ける庁舎の代表として、一層適切に維持管理されるとともに、歴史的建造物としての魅力を発信していくことが期待されます。

本書では、滋賀県庁舎の変遷、県庁舎本館の建設を巡る経緯を振り返るとともに、建築に関わった人々や魅力あふれる建物の造形美などを紹介します。本書は、近代建築史研究の第一人者である石田潤一郎京都工芸繊維大学大学院教授とともに執筆しました。滋賀県庁舎本館の魅力を楽しんでいただければ幸いです。

平成二六年一〇月

池野　保

もくじ

登録有形文化財制度とは

平成８年文化財保護法が改正され、文化財を厳密に保存する従来の文化財指定制度のほかに、文化財を活用しながら緩やかに守ってゆくという登録文化財制度がつくられました。

登録有形文化財とは、建設後50年を経過した歴史的建造物のうち、一定の評価を得たものを文化財として登録し、届出制というゆるやかな規制を通じて保存と活用を図るものです。

登録の基準としては「国土の歴史的景観に寄与しているもの」、「造形の規範になっているもの」、または、「再現することが容易でないもの」のいずれかに該当するものです。

この制度を利用して、多くの建造物が保存され、まちづくりや観光などに積極的に活用されています。平成26年７月18日現在登録有形文化財は、滋賀県で349件、全国で9917件あります。

「滋賀県庁舎本館」の国登録有形文化財への登録にかかる経緯

滋賀県庁舎本館については、以前より大規模な歴史的建造物として評価されてきたところですが、昭和62～平成元年度の滋賀県教育委員会の「滋賀県近代建築調査」さらに、平成10・11年度の「滋賀県近代化遺産（建造物等）総合調査」で、建築史上の価値がより明確になりました。

全国的に近代建築の保護と活用が図られていくなか、滋賀県は、平成26年１月30日付けで、滋賀県知事から滋賀県庁舎本館の登録有形文化財の登録に向けた意見具申書を文化庁長官あて提出しました。

文化庁では、平成26年６月20日、文化審議会に諮問し、審議を経て同年７月18日、滋賀県庁舎本館は、上記基準のうち、「造形の規範になっているもの」に該当し、登録有形文化財にふさわしいと答申されました。

第1章

滋賀県庁のはじまりと県庁舎の変遷

廃藩置県と滋賀県の始まり

「県」や「府」は明治四年（一八七一）の廃藩置県によって生まれた、と考えられがちです。しかし、実際には、それよりも早く明治維新直後に「府」「県」が設置された地域もあります。滋賀県もその一つにほかなりません。この間の事情はいささか込み入っています。幕末維新の動乱をたどりながら、解きほぐしていきましょう。

慶応三年一二月九日（太陽暦では一八六八年一月三日）、京都御所内の学問所で、天皇が「王政復古」を宣言します。のちに「明治大帝」と称されることとなるミカドはこのとき数え年で一六歳でした。この「大号令」によって、将軍職をはじめとする徳川幕府の体制は廃止され、新しい政権がその緒につきます。翌慶応四年（一八六八）一月三日から六日にかけての鳥羽伏見の戦いで勝利を得た新政権は、幕藩制に取ってかわるべき統治のシステムを急いで整えていきます。一月一〇日には維新政権は幕公領（いわゆる天領）を没収して直轄領とすることを宣言し、四月までのあいだに旧幕領のうちの一二地に鎮台あるいは裁判所を設置し、総督を配して行政・司法を担当させました。滋賀県域においては幕府領として大津代官所がありましたが、一月一六日にこれが「大津裁判所」に変わります。その役所は、大津代官石原清一郎の役宅に置かれました。場所は現在の京阪浜大津駅付近だったようです。総督は、京都裁判所総督であった長谷信篤《ながたにのぶあつ》（一八一八～一九〇二）が兼務しました。

閏四月二一日になって、維新政権は地方行政の方針を定めた「政体書」を発布します。そこでは、府・藩・県の三治制が執られていました。すなわち直轄領の施政機関を府・県とし、これに従来からの藩を併置したのです。これに沿って、閏四月二八日に大津裁判所は「大津県」と改まります。このときに総督に代わって「知事」が置かれ、初代大津県知事には辻将曹《しょうそう》（一八二三～一八九四）が任命されました。県庁は当初は裁判所時代と変わりませんでしたが、五月一二日に今颪《いまおろし》町の本福寺、同月一五日に上百石町の大津市民会議所、六月四日に寺内《じない》の顕證寺へとめまぐるしく移動を繰り返しました。九月には慶応から明治へと改

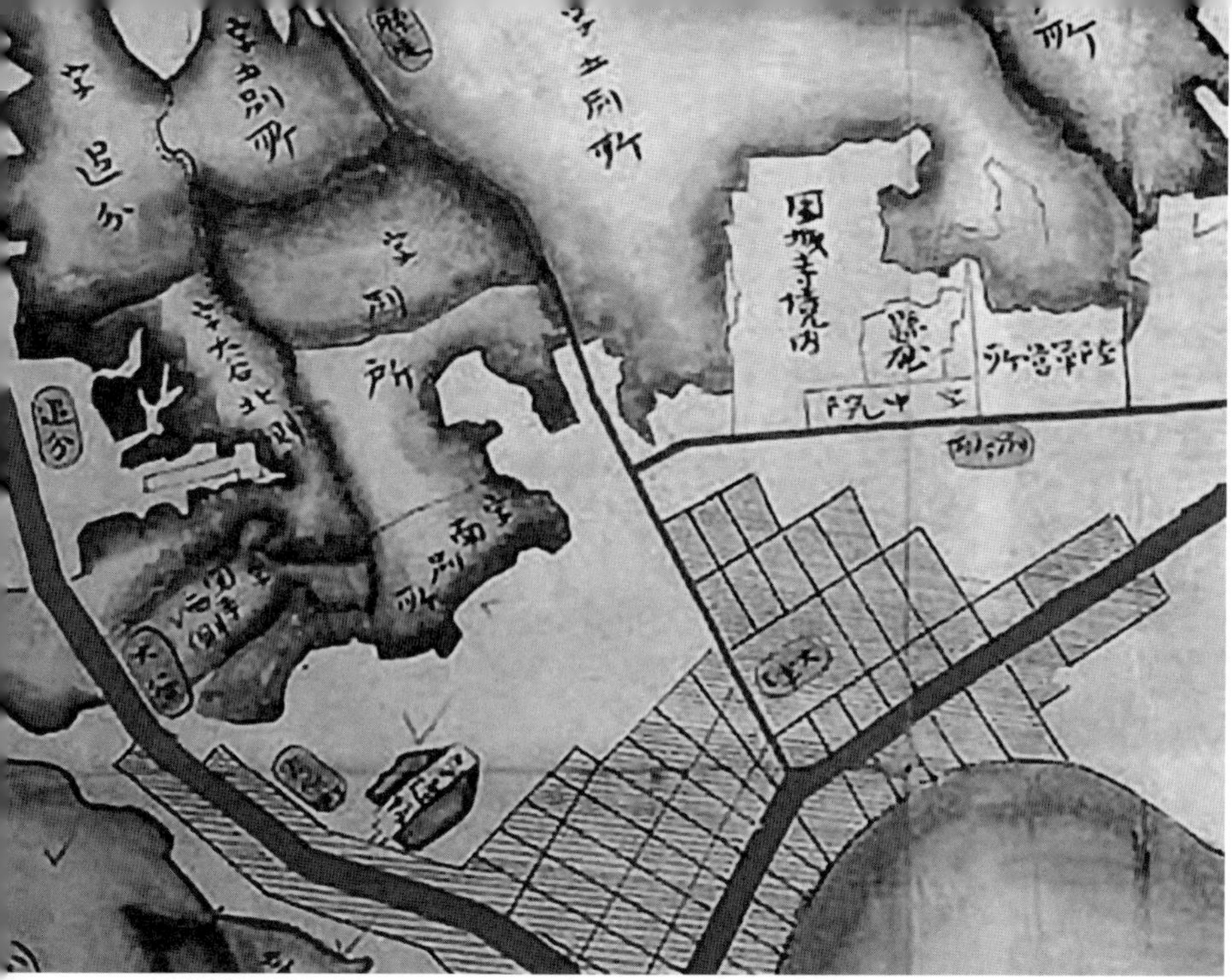

円満院に県庁が置かれたことを示す明治10年の地図（「滋賀郡官林位置全図」より）

元され、明けて明治二年（一八六九）一月、別所の園城寺山内・円満院が県庁舎となります。

円満院からの出発

明治四年七月一五日、廃藩置県が断行されます。現在の滋賀県域では、大津県以外は従来の藩が継続していましたが、六月の時点で大溝藩が解藩して大津県に編入されていたため、新たに県になったのは膳所・水口・西大路・彦根・山上・宮川・朝日山の七県でした。これらは一一月に再編されて、膳所・水口・西大路の各県は大津県に統合され、彦根など四県は長浜県にまとめられます。明治五年にはこの二つの県は名前を改めます。大津県は一月に滋賀県、長浜県は二月に犬上県になるのです。これもつかの間のことで、同五年九月にいたって犬上県は廃止されて滋賀県に合併します。これでほぼ落ち着きますが、明治一四年に福井県が設置された折りに若狭国の四郡を移し、滋賀県は近江国一国の管轄として固定することとなり、今日に至ります。

この間、大津県・滋賀県は終始、円満院を県庁舎として用いており、明治四年三月の時点で「上地」、すなわち土地収用をおこなって県の所有としていました。以後、明治二一年まで県庁でありつづけます。こうした例は必ずしも珍しいわけではなく、たとえば京都府は明治四年から一八年まで二条城を府庁舎として使っています。

なお、明治四年から五年にかけては、全国的に県庁舎では椅子を用いるようになったため、おそらくは円満院でも絨毯を敷き、椅子を並べて執務したとみられます。

一方、議決機関である府県会および府県参事会について見てみましょう。府県会の成立は明治一一年（一八七八）七月に公布された府県会規則にはじまります。滋賀県の県会は翌一二年一月に選挙をおこない、四月二〇日に顕證寺を会場として開場式を挙行しました。明治一五年四月には大津市別所にあった勧業試験場内に仮議場を建てて移転しています。

府県参事会は、知事、県庁高等官の代表者二名、および県会議員から互選された「名誉職参事会員」四名から構成される組織で、議決機関であると同時に執行機関としての性格も持ち合わせていました。

現在地での明治期庁舎と明治二三年天皇行幸

明治五年以降、明治政府は、近代的な学校制度を定めた「学制」をはじめ、「徴兵制度」、「地租改正事業」と、国家体制の根幹をなす重要施策に着手していきます。しかし、これらの国政業務の実務は各府県に委任されていました。結果として、明治五年以降、地方行政業務は、それ以前にくらべて増加することになります。滋賀県の場合、円満院が広かったため（県庁舎として使っていた面積は九三二坪だったといわれます）、当座はしのげましたが、次第に狭さに苦しむようになり、老朽化も進んできました。ついに明治一八年にいたって新築の計画が立てられることになり、一二月の県会に提案されます。これには財政事情も関係があるでしょう。明治一四年以降遂行されてきた政府のデフレ政策による不況が底を打ち、この年から好況に転じ

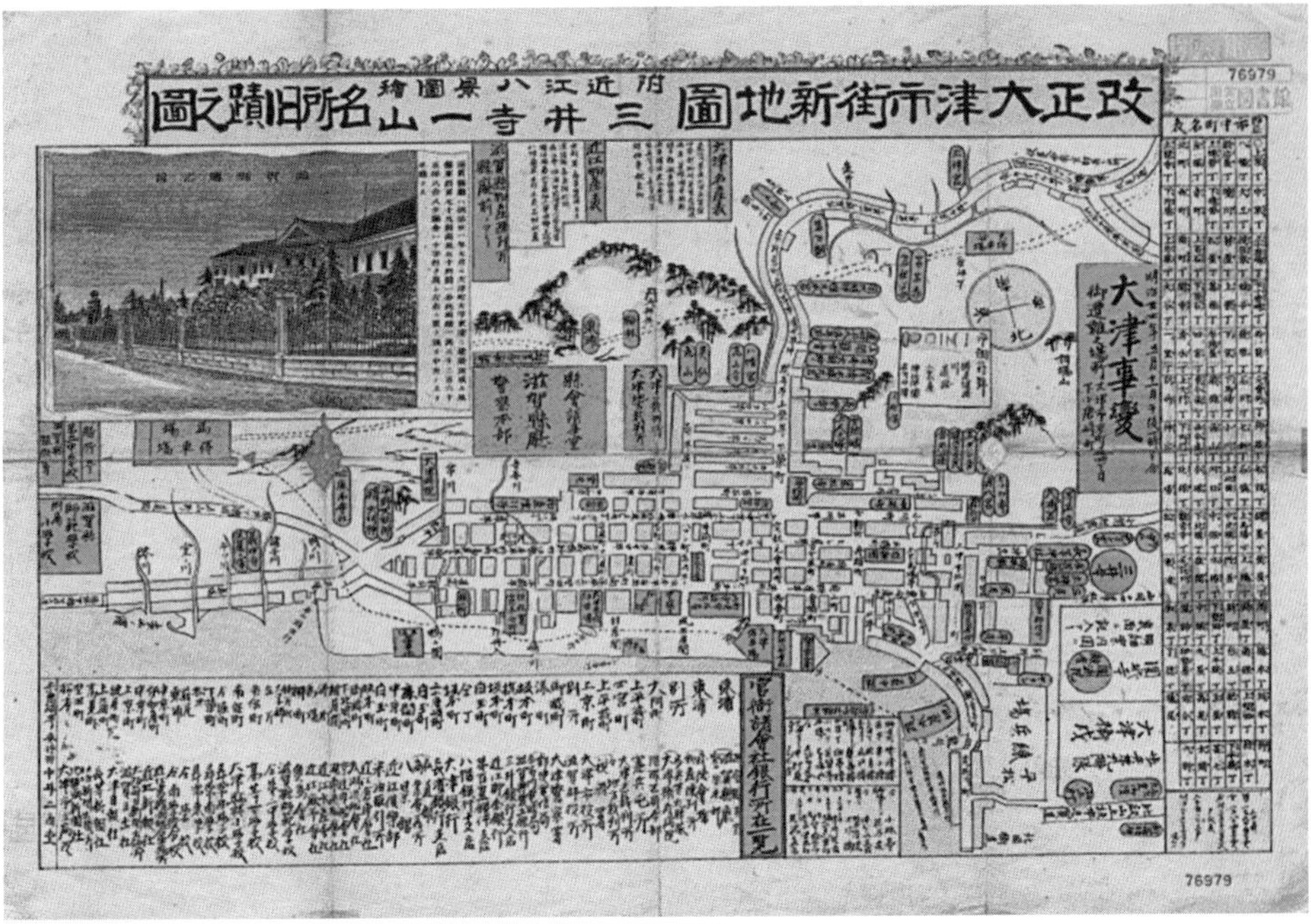

明治35年の大津市と県庁舎（「改正大津市街新地図」より）

たのです。

しかし、単に好景気に乗じたというものではなく、十分に検討されて、満を持して上程されたことがうかがえます。というのも新築計画が真に画期的なものだったからです。その新しさの第一は煉瓦造を採用したことです。それまで煉瓦《れんが》を構造体とする府県庁舎は大阪府庁だけであり、中央官庁でも外務省を数えるのみです。

新しさの第二は設計者に工部《こうぶ》大学校（現在の東京大学工学部）を卒業した技師を任用したことです。工部大学校造家《ぞうか》学科は西洋建築の体系的教育をおこなう機関として、明治一一年に最初の卒業生を出していました。それまでの府県庁舎では、大阪府庁舎と開拓使（現在の北海道）で外国人に依頼しているほかは、大工棟梁が見よう見まねで、あるいは雛形本などに基づいて設計していました。明治一九年以降、工部大学校卒業生、あるいは留学経験者へと移行していきます。滋賀県はそのさきがけであったのです。

新しさの第三点は行政部分と県会議事堂とが一体的に建設されたことです。府県会制度が定められた時点では、庁舎建設費には国庫補助が出るのに、議場建設費には補助がなかったため、別個に設置される時期が長くつづきました。しかし、明治一五年の茨城県庁舎から県会議事堂が連結されはじめ、本県以降、定着していくと見られます。

敷地はいわゆる「大津百町」の南側に隣接する東浦村の約一万三〇〇〇坪の土地で、それまでは園城寺所有の田地だったといわれます。また島ノ関からアクセスする前面道路を開削するために堅田町・猟師町・境川町の一部も取得しています。これらの買収費と民家の移転費用は総額八七〇〇〇円余でした。

全体の規模は、本館が煉瓦造二階建て、建坪五一二坪、木造の附属屋が建坪三〇〇余坪という数字が残ります。明治一九年から二〇年代にかけては一一の府県庁舎が建てられますが、本県庁舎は、東京府（明治二七年竣工）、静岡（明治二二年）に次ぐ大きさで、その先進性がうかがえます。工事費は総額で約一一万円に達しました。このうち寄付金が約三万五〇〇〇円に及んでいます。木造であればおそらくこの半額程度でまかなえたと考えられますが、同時期の他の煉瓦造建築と比べると工事単価は低く、「節約」を要求しつづけた県会の意向も反映したことがうかがえます。工事は明治一九年七月に起工し、約二年を要して同二一年六月に竣工し、同月二五日に開庁式を挙行しました。明治二三年四月九日に明治天皇が大津・京都に行幸した際には、新築間もない県庁舎正庁に玉座を設けて御座所としました。

様式は後年、「イングリッシュ・ルネッサンス」と分類されています。中央部と両翼を突出させ、中央上部に大きなペディメント（三角破風）をいただく構成は一七世紀の英国で流行したものです。

明治の県庁舎は、現庁舎建設にあたって昭和一二年六月に撤去されました。ただ二階の正庁は明治天皇の「聖蹟」として新庁舎の塔屋内に保存されることとなり、今日でも面影を見ることができます。その装飾は細部がやや簡略化されているものの、古典様式を正確に踏まえていることが確認できます。

設計者は小原益知《おはらますとも》という人物です。一橋徳川家の家臣の子として安政元年（一八五四）に江戸に生まれ、先述のように、工部大学校造家学科の第三期生として明

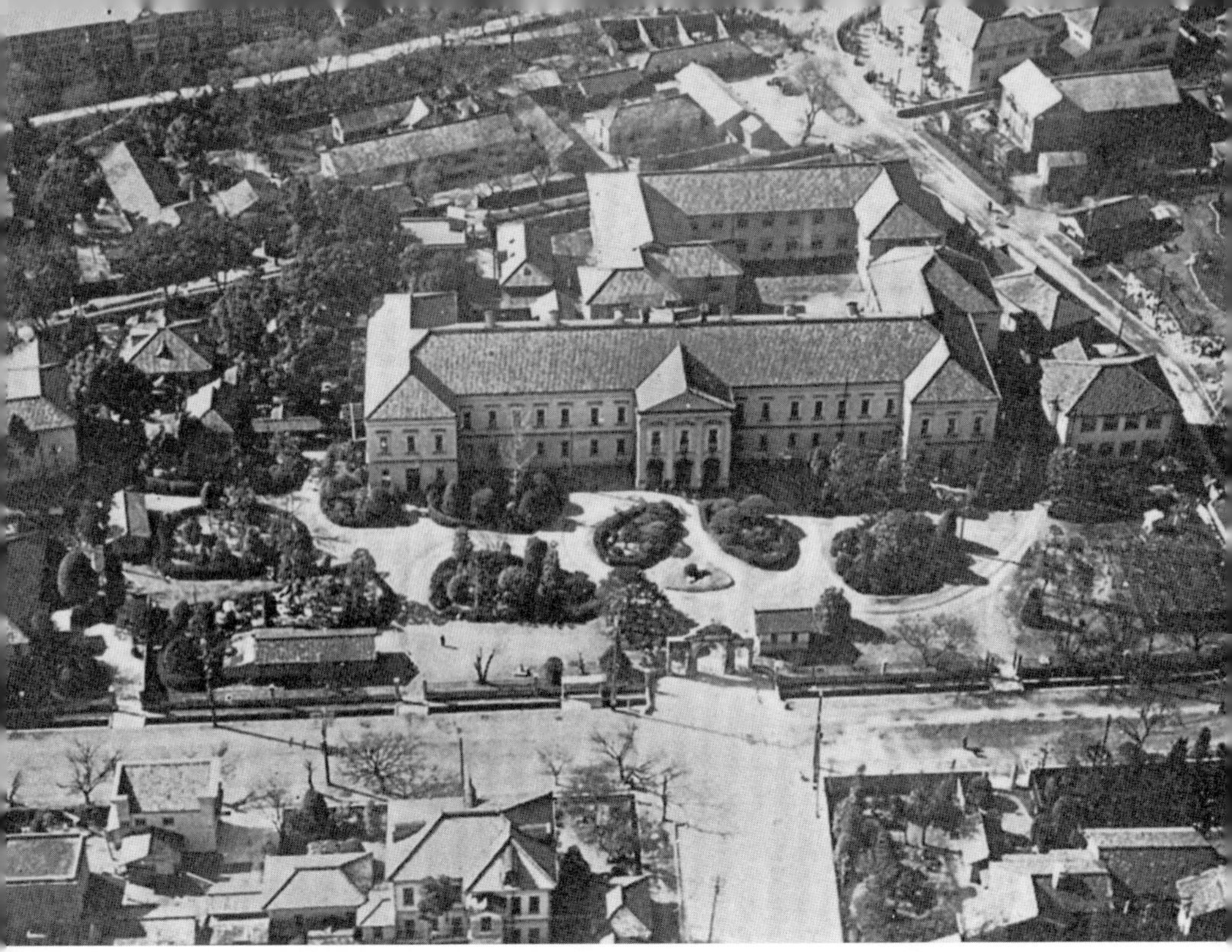

上空から見た明治庁舎

県庁中庭に保存されている明治庁舎の柱頭。
コリント式だが、かなり簡略化されている。

現県庁舎の塔屋内に移築された明治庁舎の正庁

小原益知肖像

治一四年に卒業し、内務省営繕課に勤務していました。そこにこの計画の担当者として白羽の矢を立てられ、明治一九年四月に滋賀県に招聘《しょうへい》されることになります。本県では、県庁舎のほかに彦根中学校校舎の設計をおこなっています。また、田辺朔郎から依頼されて、琵琶湖疏水のトンネルの各ポータルをデザインしたことでも知られています。

県庁舎竣工後は海軍技師に転じて呉鎮守府建築部長を務め、退官後の明治三六年には岩手県庁舎の設計を委嘱されており、ゴシック風の瀟洒《しょうしゃ》なデザインでまとめています。晩年は一橋家の家職として主家に忠勤を尽くし、在職中の昭和四年（一九二九）に亡くなりました。

計画を推進した中井弘知事

計画を推進したのは前年に赴任してきた中井弘（一八三九～一八九四）知事でした。中井知事は薩摩藩出身で、坂本龍馬らの斡旋で英国に密航留学した経歴の持ち主です。維新後は外交官として明治六年から九年にかけてロンドンに長く在勤しました。帰国の際にはヨーロッパ各国からアフリカ中近東を巡歴し、旅行記『漫遊記程』を残しています。それを見ても西洋建築についての見識を備えていたことがうかがえます。建築中のエピソードとして、次のように語られています。「建築になかなか興味を持っておって、よく小原さんの技術室に遊びに来て設計に何やかやと注文したり、建築に関する話を聞くのを楽しみとしておられたとて小原さんは喜んでおられました」。あえて先進的な庁舎を建てようとした背景には、こうしたそもそもの関心があったように思われます。ちなみに「桜洲山人」の号を持つ漢詩人としても知られ、「鹿鳴館」の命名者です。

県庁舎の敷地

県庁舎の敷地の変化について簡単に触れます。先に述べたように、設置当初は市街地の周縁に孤立して建っていたのですが、明治二三年には大津区裁判所が西側に立地し、同二八年には前面道路を隔てて日本赤十字社滋賀県支社が設置されます。その隣地に明治三

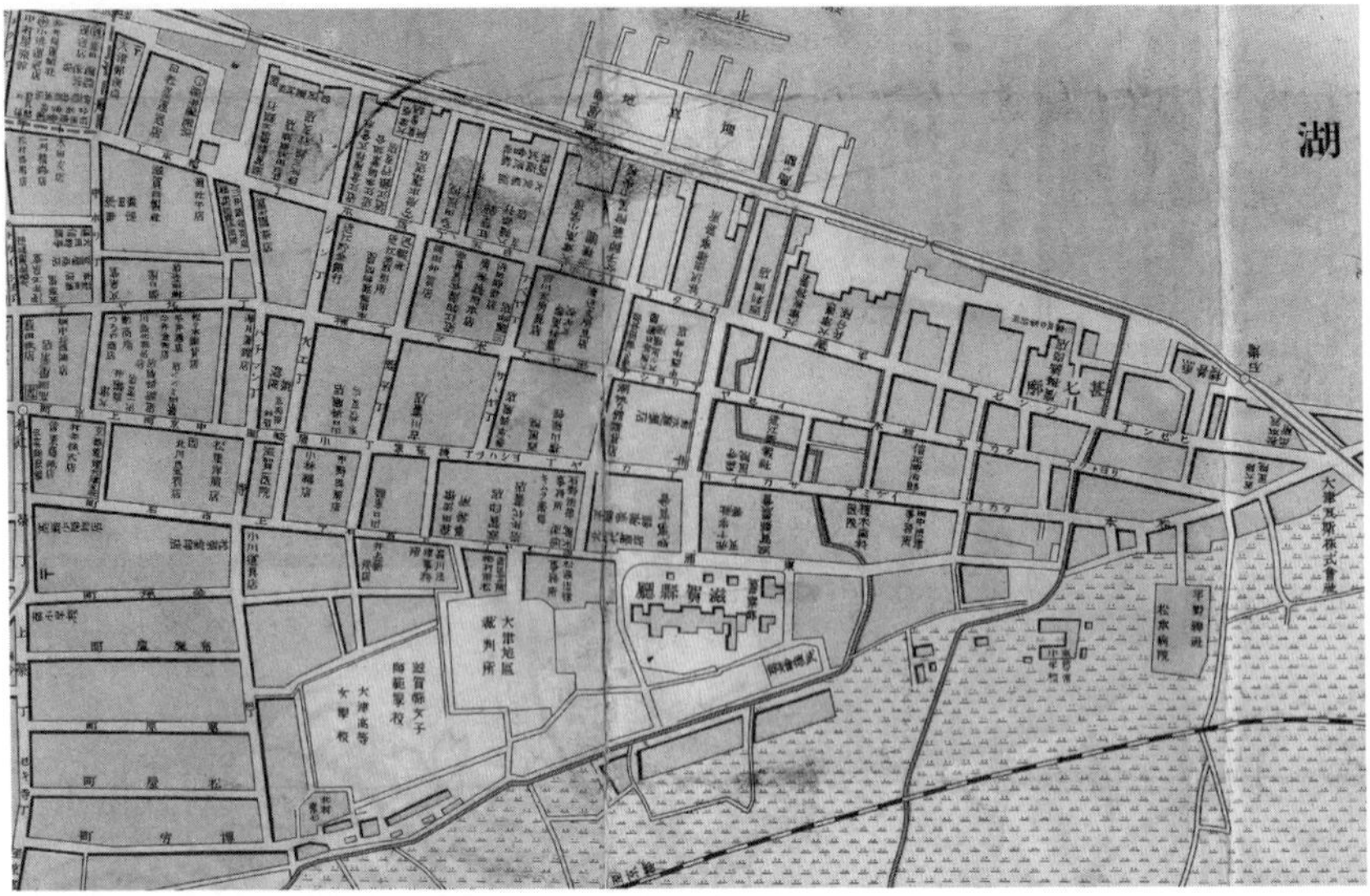

大正７年ごろの県庁舎周辺（「名所旧址大津市街地図」より）
官公庁街が形成されてきていることがうかがえる。

一年に滋賀県農会が立地しました。明治三四年には南側に大日本武徳会滋賀県支部が置かれ、昭和一二年には武徳殿が西側に建設されます。

官公庁系だけでなく、明治三五年には西方に滋賀県女子師範学校、四二年にはこれと並んで県立大津高等女学校の校地が置かれます。このような官庁・文教施設の集積にともなって、周辺には知事公舎をはじめとする官舎、法律事務所、代書業者、新聞社、書店などが建ち並ぶようになります。

大正一〇年（一九二一）には新逢坂山トンネルの開削により東海道線が付け替えられて、大津駅が膳所駅の位置から現在地に移動します。昭和七年に大津都市計画が認可されますが、そこでは新駅から県庁敷地の南側を通る路線が二等三類二番線として直線化され、幅員を八mないし一一mに拡幅される計画が決定します。あわせて島ノ関から県庁南正面に達する街路も二等三類四号路線として一一mに拡幅されることになります。こうして昭和一四年の新庁舎建設の時点では、現在の都市基盤の骨格が現れようとしていたのです。

第2章

県庁舎本館建設を巡る経緯

本章では、滋賀県庁舎本館の建設を巡る経緯を、昭和一六年三月に刊行した『滋賀県庁舎改築記念誌』と、滋賀県県政資料室保管の「県庁舎改築に係る文書」五冊に基づき、要点を紹介します。

改築への動き

明治二一年（一八八八）に建築された明治庁舎で執務していたのは当初一五〇名ほどの職員でしたが、大正一〇年（一九二五）には土木別館約一〇八坪を増築し、大正一五年の郡役所廃止によって職員は約七〇〇名となり、昭和八年には六一八坪の木造二階建てを増築しました。しかしながら廊下は暗く、部屋の採光、通風ともに不十分で、職員の保健衛生上もよくないことが指摘されていました。

また明治庁舎が初めて遭遇した強い地震は明治二四年の濃尾地震です。このとき、名古屋地方の洋風建築が数多く倒壊し、それを契機に目地のモルタルの改良や鉄筋や帯鉄で補強する技法が開発されることになります。しかし、濃尾地震の洗礼の前に建てられた明治庁舎にはこうした配慮はされていませんでした。加えて後年、内壁を抜くような改造工事をおこなった箇所もあり、昭和一〇年頃から煉瓦造りの壁に亀裂が生じてきました。

これらの理由から、昭和に入ると県庁舎の改築が議論されるようになりました。

改築に向けての先進建物調査

県庁舎の改築について県会（戦前には県議会の前身を「県会」と呼んでいました）で公にされたのは、昭和一〇年（一九三五）一二月の通常議会においてです。森幸太郎議員から質問があり、県では早速改築調査をすることにしました。

翌年四月に、県会議員と職員からなる調査班を二班組織し、富山（昭和一〇年竣工、増田八郎・大熊喜邦《よしくに》設計）、新潟（昭和七年竣工、木子《きご》七郎設計）、山梨（昭和五年竣工、県営繕課・佐野利器《としかた》設計）、高知（大正九年竣工、西村慥爾《ぞうじ》設計）、愛媛（昭和四年竣工、木子七郎設計）、宮崎（昭和七年竣工、置塩《おしお》章設計）の六県を視察し

ました。視察後、議員から富山県庁ぐらいの規模が適当だろうという意見が出されました。富山県庁舎は鉄筋コンクリート造四階建て、建坪一〇八〇坪と、調査した中では新潟県に次いで大規模な建物でした。実現した本県庁舎は建坪一〇八八坪と富山に近い数字となっているのは興味深いところです。

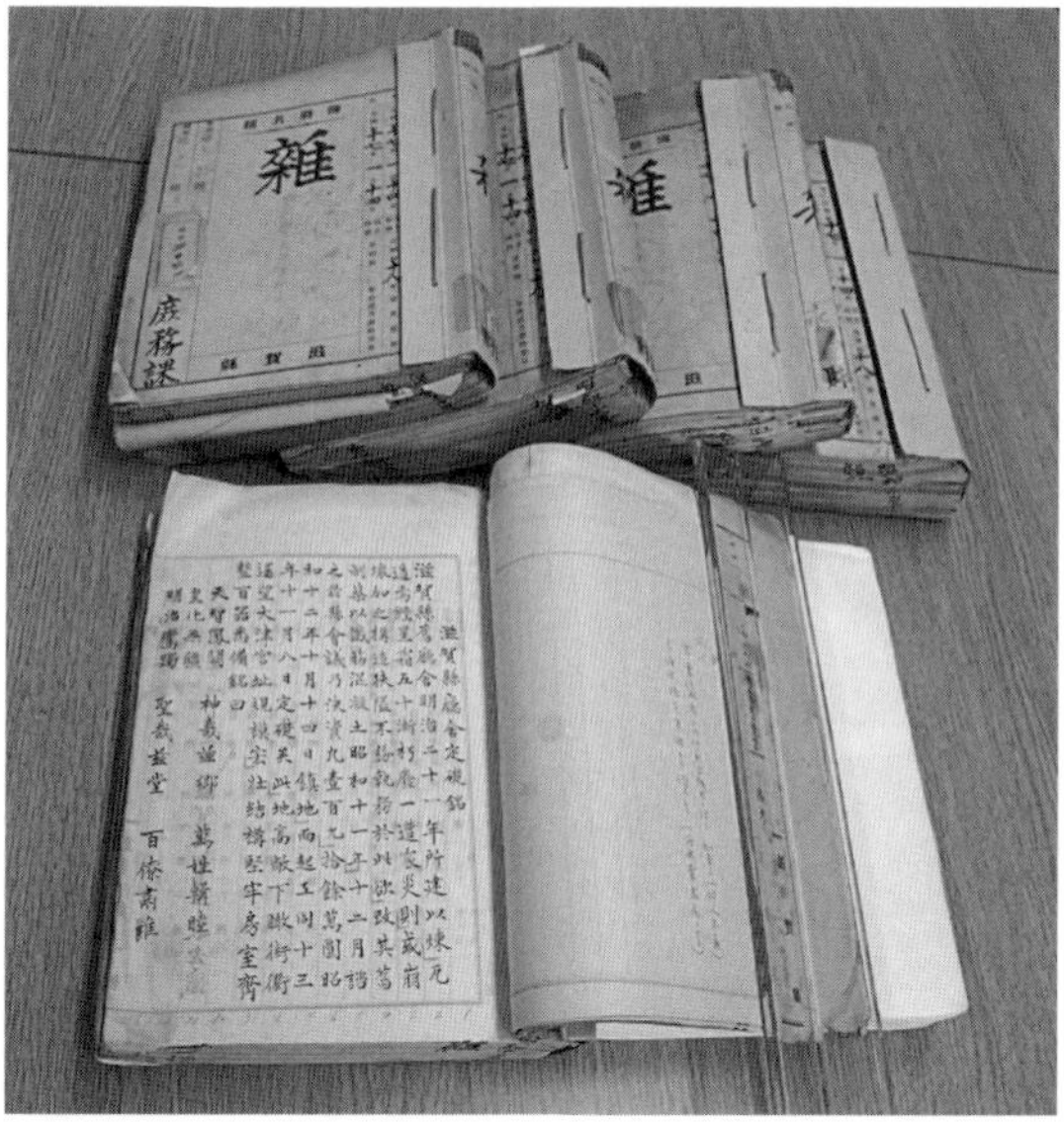

県庁舎改築にかかる文書

県庁彦根移転論争への懸念

調査班は、新築庁舎の内容よりも、庁舎改築問題によって明治の県庁移転論争が再燃しないかということを心配していました。県庁移転論争とは、明治庁舎を新築して三年後の出来事です。県庁を大津から犬上郡彦根町に移すという建議案が県会で可決されたのですが、その後、建議の取消し、取消しの撤回などと揉めた末、品川弥次郎内務大臣により県会の解散が命じられ終幕となったことがあったからです。議員は庁舎改築よりも、移転問題が一番の心配の種であったのでしょう。この心配事は、県当局による庁舎改築の提案から、県会での議決に至る瞬間まで尾を引くことになるのです。

庁舎の耐久力に対する専門家の見解

県では、明治庁舎の耐久力について、京都帝国大学坂《ばん》静雄教授に調査を依頼したところ、木造民家の一割が倒壊する程度の地震のとき、明治庁舎は全壊するという報告がされました。

この報告書をもう少し紹介すると次の三点となります。

一点目に庁舎の現状は、煉瓦壁及び腰石に多数の破壊的亀裂があるなど、甚だしい破損状況で、構造部に耐震的考慮がなく、また間仕切りを取り除くなどといった後の改造のため、構造部を弱めている。したがって小地震でも壁などが落ちることがある。

二点目に現庁舎の補強方法としては、壁の一部を欠き取り鉄筋コンクリートの梁を入れ、必要に応じ鉄筋コンクリートの柱を添え、床と梁と壁体を一体化する方法があるが、経費が割高となり、改修後も何ら利便の改善にはつながらないため、根本的な構造補強とはならない。

三点目に現庁舎の耐震強度に関しては、明治庁舎のなかで構造上、最も危険と見られる二階の窓の上壁の耐震力を、佐野利器博士の「家屋耐震構造論」により算定し、過去の地震と比較し、明治庁舎がその土地にあると仮定してその被害程度を次のように推定しています。

明治二四年（一八九一）の濃尾地震の岐阜大垣あたり震度なら全壊、明治四二年の滋賀の姉川地震の長浜市尊勝寺あたりの震度でも全壊、長浜市中心部の震度で半壊、大正一二年（一九二七）の関東大地震東京下町あたりの震度で半壊、同山手あたりの震度で大亀裂一部崩壊という判断が下されました。

再燃した県庁彦根移転問題

彦根町および町会では県庁の改築調査が始まったことにより、県庁移転の工作をすすめ、昭和一一年五月には緊急町会で内務大臣・知事・県会議長に陳情書とともに移転費一〇〇万円の寄付を決議しました。彦根実業会の呼びかけから「県庁彦根移転期成同盟」を結成、蒲生以北伊香の七郡を重点に移転運動を始めました。

四月には、村地信夫知事から代わった二見直三知事は内務省の意を受けて、県庁移転を唱える幹部の説得

明治庁舎解体の状況。当時の煉瓦造建物の構造がよくわかる。

に回りました。同年九月、二見知事はわずか半年で転任しますが、後任の平敏孝知事は、庁舎の現状が極めて危険な状態にあること、また彦根への庁舎移転運動が県政上に及ぼす影響などを考え、県の意思を速やかに確定するべきと考え、現敷地での新築を決断しました。

県会へ庁舎改築議案提案

昭和一一年一一月の通常県会では、開会冒頭での県庁舎改築の提案がなかったことから、県会五日目に彦根町選出の谷口銕《てつ》治郎議員から彦根への庁舎移転の質問が飛び出しましたが、平知事は「庁舎の移転は到底至難である」とはっきり移転を封じた答弁をしました。

その後、県会においては県庁舎問題について議論はされませんでしたが、平知事の答弁以降、今議会で提案されるのか、いや延期されるのかと議員はもちろんのこと、県民も巻き込んで県を二分する議論が行われ、県民が相当動揺したことは疑う余地もありません。

この間、平知事は関係部課長と協議を行い、改築に関する議案が一二月五日ついに、追加議案として提出されました。

県会議場の傍聴席は満員の盛況となりました。佐野眞次郎議長は万一を慮り、開会に当たって、「傍聴人は絶対に発言を許しませぬ」と予め注意をしていることから、最初から議場の緊迫した雰囲気が伝わってきます。

平知事は、県庁改築に関して、次の七点を説明しました。

一、庁舎は本年三月以来調査した結果、改築を要するとの結論に至った
二、建築敷地は現在の庁舎を取り壊したあとに改築する
三、本館は四〇五〇延坪、鉄筋コンクリート四階建て、他に別館、文書庫、自動車庫を建てる
四、改築期間は約二か年
五、その期間中は県公会堂並びに商品陳列所を使用、一部仮庁舎を建てる
六、総工費は一四七万七二一〇円、うち大津市から三五万円の寄付を受け入れる
七、大津市の寄付金については一時県債とする

さらに、次の新規事業を提案しました。彦根に総合運動場を建設すること。総経費は敷地購入費を含めて二四万円を要するが、敷地一万五〇〇〇坪は県有地をあて、設備費九万八五〇〇円のうち、彦根町からの寄付七万円をあて、残る二万八五〇〇円を県費より捻出すること。八幡商業学校の学級増加に要する建築費等に二万六〇五六円を支出したいこと。校地の拡張については八幡町からの寄附を受け入れること、などの内容です。

このように県中部・北部に新たな大規模事業を行うことにより、県庁彦根移転問題の収拾を図ろうと提案したのです。

県会での本格的な議論へ

議案提出から一週間後の一二月一二日、全員の議員が出席し、傍聴席は満員の状況で、議会が始まりまし

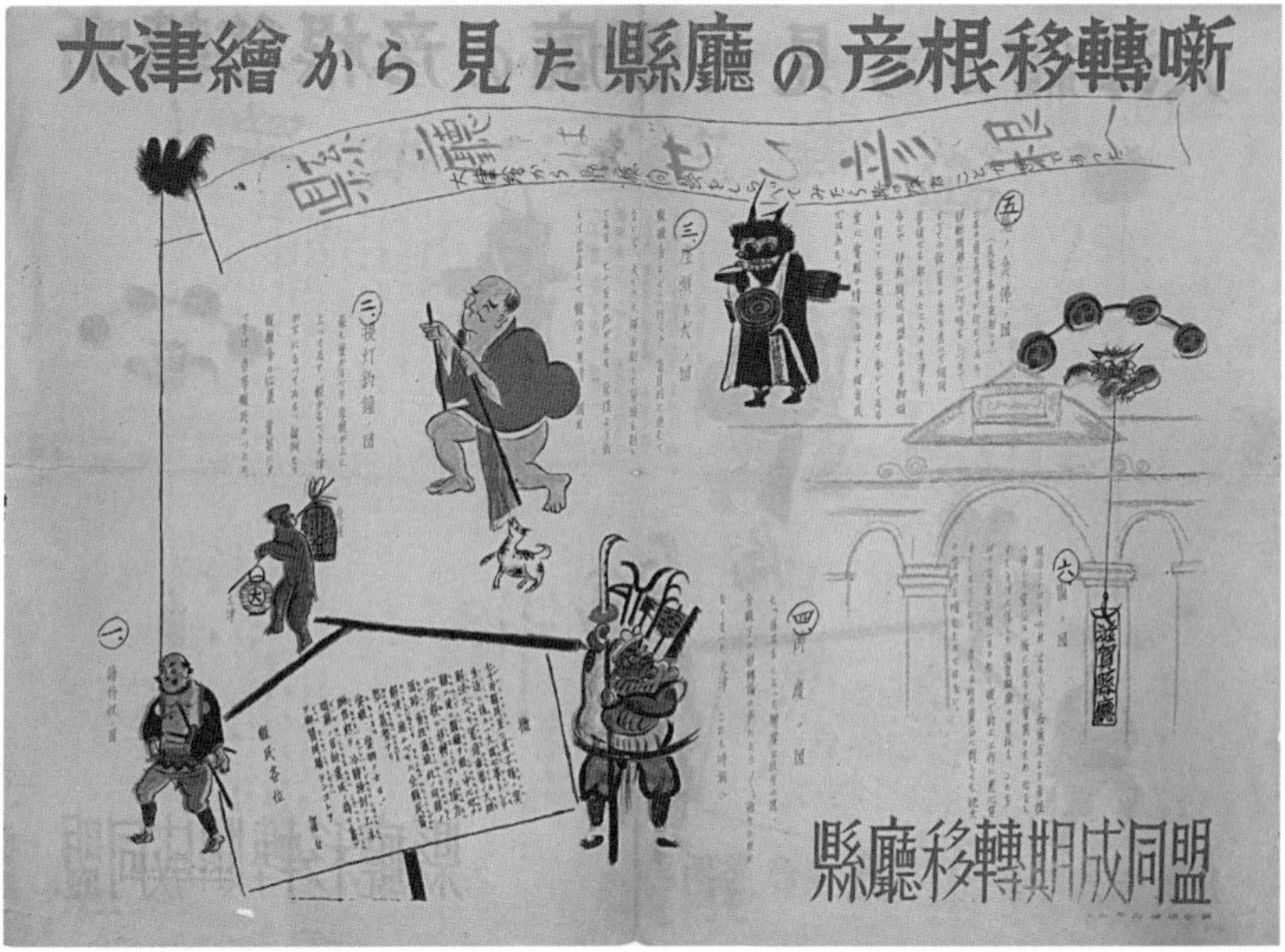

県庁移転を唱えるポスター

た。

知事が五日の提案内容をあらためて詳しく述べ、前川鬼子男《きしお》庶務課長が詳細な予算説明を行いました。

平知事は滋賀県にも地震帯があり、地震の危険は予断を許さないことや、彼自身が関東大震災の後に復興事業を担う部局にあって煉瓦造の危険性を痛感しており、災害防止上からも改築は緊急であることなどを説明しました。また財政上の見地から、低金利のこの時期に改築工事に取りかかる必要性を述べました。

県当局の説明が終わるとさっそく谷口錬治郎議員からは「現在の県庁は県の西南端のために県民多数の受ける損失は莫大なものである。彦根町移転は明治二十四年以来の宿命的運動である。彦根町は移転のために、百万円の寄付を承認している」などと質問がありました。これに対し、平知事はそれぞれの質問に弁明しています。

ついで六人の議員からも知事および前川庶務課長の説明に対して建築上、予算上の問題などの質問がありましたが、県当局が答弁し、彦根移転論のような論戦には至りませんでした。

明治庁舎から仮庁舎へ引越

このようななか、追加議案は重大なる問題であることから、議長指名の特別委員により、数回の委員会が開かれましたが、一二月一六日会期満了日の午後一一時に至っても特別委員会の審議が終わらず、会期の延長を行ないました。

県会での深夜の議論、未明の議案通過

日付が変った十七日午前零時、議長は開会を通告しましたが、その時点では特別委員会での審議はまだ続いていました。委員会で修正の上可決することに決まったのを受けて、本会議が開会されることになったのは午前二時四十五分でした。

すぐに、谷口議員が県庁舎改築議案の一切を廃案にすべしという動議を出します。議長はこの廃案動議について採決をとったところ、少数を以て否決されました。

ついで富居多吉特別委員長から、委員会では大津市からの寄付金を一五万円増額し、その分、県資金運用金を金一五万円減額するという修正を加えることをもって、議案を可決したことが報告されました。

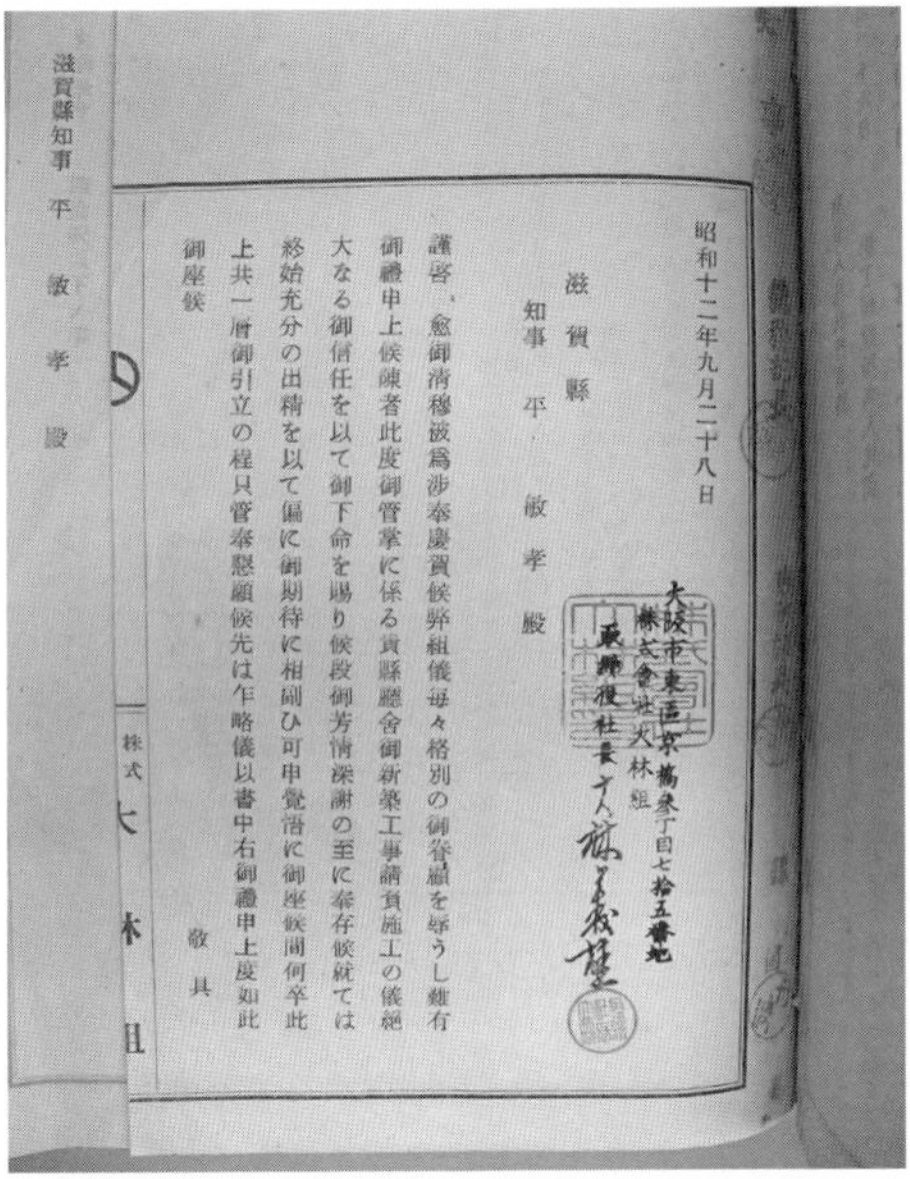

昭和十二年九月二十八日

滋賀縣

知事 平 敏孝 殿

大阪市東區京橋參丁目七拾五番地
株式會社大林組
取締役社長 大林義雄

謹啓、愈御清穆被爲渉奉慶賀候弊組儀毎々格別の御眷顧を辱うし難有御禮申上候陳者此度御管掌に係る貴縣廳舍御新築工事請負施工の儀絶大なる御信任を以て御下命を賜り候段御芳情深謝の至に奉存候就ては終始充分の出精を以て偏に御期待に相副ひ可申覺悟に御座候間何卒此上共一層御引立の程只管奉懇願候先は乍略儀以書中右御禮申上度如此御座候

敬具

滋賀縣知事 平 敏孝 殿

大林組社長から知事に届いた随意契約の請書（うけしょ）（昭和12年9月28日）

佐野眞次郎県会議長

特別委員長の報告後も、辻与太郎議員、谷口議員が意見を述べましたが、議長はまず特別委員の修正案について採決した結果、多数をもって可決されました。これを受けて議長は先の修正案を確定決とすることを宣告しました。

これをもって大論戦を重ねた県庁舎改築案もついにわずかな修正をもって可決が確定したのです。ようやく閉会式が行われ、知事が閉会の弁を述べたのが午前三時三〇分、まさに深夜の攻防でありました。

ここで、改めて修正議決の内容を示すと次のとおりです。

工費は総額一四七万七二一〇円と提案通りで、財源は、起債二五万円（提案通り）、寄付金五〇万円（提案三五万円）、運用金六五万円（提案八〇万円）、国庫下渡金五万円（提案通り）、不用建物売払代一万七〇五四円（提案通り）、県費一万一五六円（提案通り）となりました。

設計者と施工者の選定と請負契約

県庁舎本館の設計は、平知事の「腹案」に沿って、

工事中の庁舎

昭和一二年一月九日に佐藤功一工学博士と、國枝博工学士に委嘱しました。一月二六日には平知事以下各部長、庶務課長等関係職員が協議会を開いて、建物の配置、部屋割り、設計、現場監督の組織等を検討しています。二月一五日に佐藤・國枝両設計者を迎えて改築協議会を開き、玄関を北面させること、議事堂を東翼部（後に西翼部に変更）に配置することなど建物の骨格を決めました。三月一七日、両設計者が各部長を参集して平面計画の基礎案の最終決定を行っています。四月二日には佐藤功一による立面の設計が確定し、このあと國枝博を中心に細部の設計が進められ、七月一五日をもって設計が完了しています。

県では設計がまとまったことにより、工事請負人八名を指名し、八月六日と同月十日の二度入札を行いましたが、いずれも予定価格を超過し落札しません。引き続き八月二八日に別の工事請負人九名を指名して、九月十日入札を執行しましたが、またまた予定価格を超過しました。一四日再入札に付しましたが、今度は指名請負人の全員が入札を辞退するという事態に陥りました。

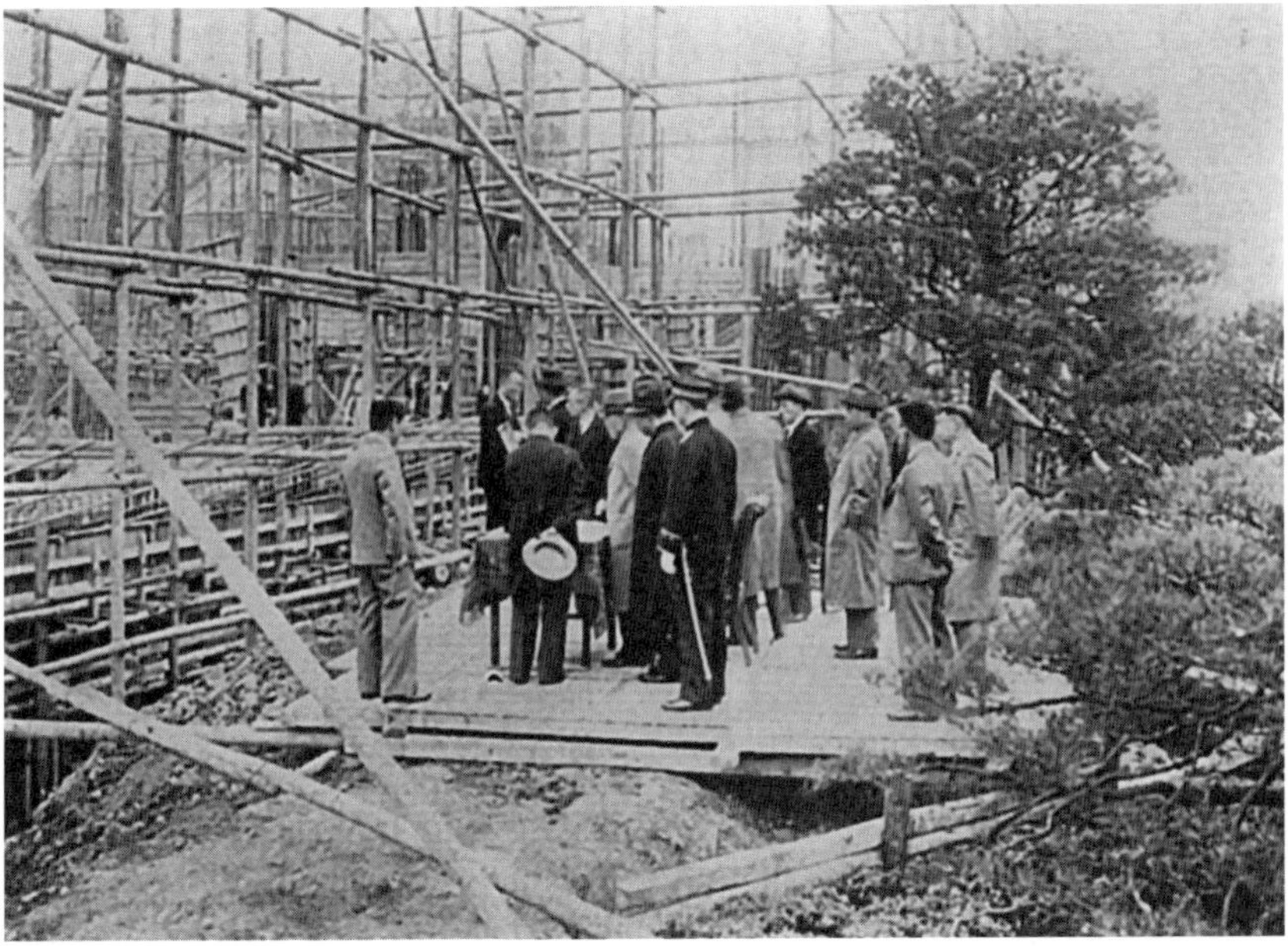

末次内務大臣の視察

この事態の原因は日中戦争が始まり、諸材料の価格と職人の賃金が高騰していたためです。戦局の推移は予断を許さないものがあり、さらに日時が経過しては現在の予算額では執行が不能に陥るおそれがありました。一方で竣工の予定期限があり、これ以上遅延できない事情もあります。

このため、特例をもって随意契約の方法を執ることとし、「信用確実にして本県に縁故の浅からぬ」株式会社大林組に対し施工請負を交渉したところ、大林組は県庁からの信任を得たことに対し、精を出して期待に添う覚悟を示す請書を提出しました。

請負金額は設計と同額の金八四万円で、九月二六日に正式に県と契約が交わされました。

鉄材の国家統制と県幹部の奔走

庁舎改築の請負契約が成立したのは昭和一二年九月でしたが、これより前の昭和十二年四月には、内務省から鉄の需要調整に関し、具体案の決定に至るまでの間、着手を見合わすべき旨の通達が出ていました。この時期、世界的に鋼材が不足していたのです。さらに五月二一日には鉄価騰貴緩和対策の一つとして政府において行う事業については極力鉄の使用を節約することとなったのに対し、地方公共団体においても国にならうよう、鉄使用節約に関する処理方針が詳細通達されていました。

仮庁舎と正門

このようななか、県においても当初設計における鉄材使用量よりも節約する方針をたて、本館中央部を全部鉄骨とするところを鉄筋に改め、また附属庁舎を鉄筋コンクリート造とすべき予定を木造に変更するなどの変更を余儀なくされました。この結果、原設計の鉄材所要量、約一八〇八トンを一二一〇トンとし、差引五九八トンを減らしました。実に三分の一を節約することになりました。

必要な鉄材購入については、日を追って高騰が激しくなり、供給自体もむずかしい情勢となります。このため、県の前川庶務課長はみずから昭和一二年七月一一日に上京し、日本製鉄本社に事情を説明して供給を依頼します。一四日一旦帰県しましたが、同日再び上京中の知事と打ち合せのため東京に向かい、打ち合わせ後、すぐに帰県し、國枝事務所に鉄材所要明細書の作成を依頼し、日本製鉄指定の津田勝五郎商店と仮契約を結びます。このあとも折衝を重ね、二八万六〇〇〇余円で七月二八日には正式契約に至り、必要量全部

地鎮祭
前川鬼子男改築事務所長による鎮物（しずめもの）の埋納

を入手することができました。まさに奔走の成果でした。

鉄材だけでなく、建物の外装用のタイルは県立信楽窯業試験場で製作し、壁紙も別途県で調達しています。

昭和一二年十月一一日には「鉄鋼工作物築造許可規則」が公布され、軍需以外の大規模な建造物の工事は不可能となりました。庁舎の地鎮祭《じちんさい》が十月一四日、「許可規則」の施行が十月二〇日。文字通り薄氷を踏むような材料調達となりました。日中戦争が激化し、

前川鬼子男改築事務所長

定礎式で平知事が記念板をおさめる。

国からの節約の指示や、主要資材の入手が至難の情勢下で、関係者が大変な努力を払われていたことがわかります。

なお、同じ昭和一二年に着工した福島県庁は一階まで建ち上がった段階で資材が払底《ふってい》して二階は木造に変更しており、広島県庁は新築計画自体を断念しています。

喜びの定礎式・竣工式

地鎮祭は昭和一二年十月一四日に行われました。以後、工事は予定通り進捗し、昭和一三年一一月八日に上棟式および定礎式の挙行の運びとなりました。まず、社寺建築同様に上棟式が執り行われました。ついで記念板鎮定式《ちんていしき》が行われ、玄関に向かって右側の定礎地点に、縦二〇cm、横三〇cmの銀板に定礎銘と関係者の氏名を列記した記念板を平知事が鎮定しました。さらに、この日は県会議事堂の清祓式《きよはらいしき》も行われました。県会議事堂は、昭和一三年の通常県会に間に合わせるために、本館の竣工に先立ち完成したものです。

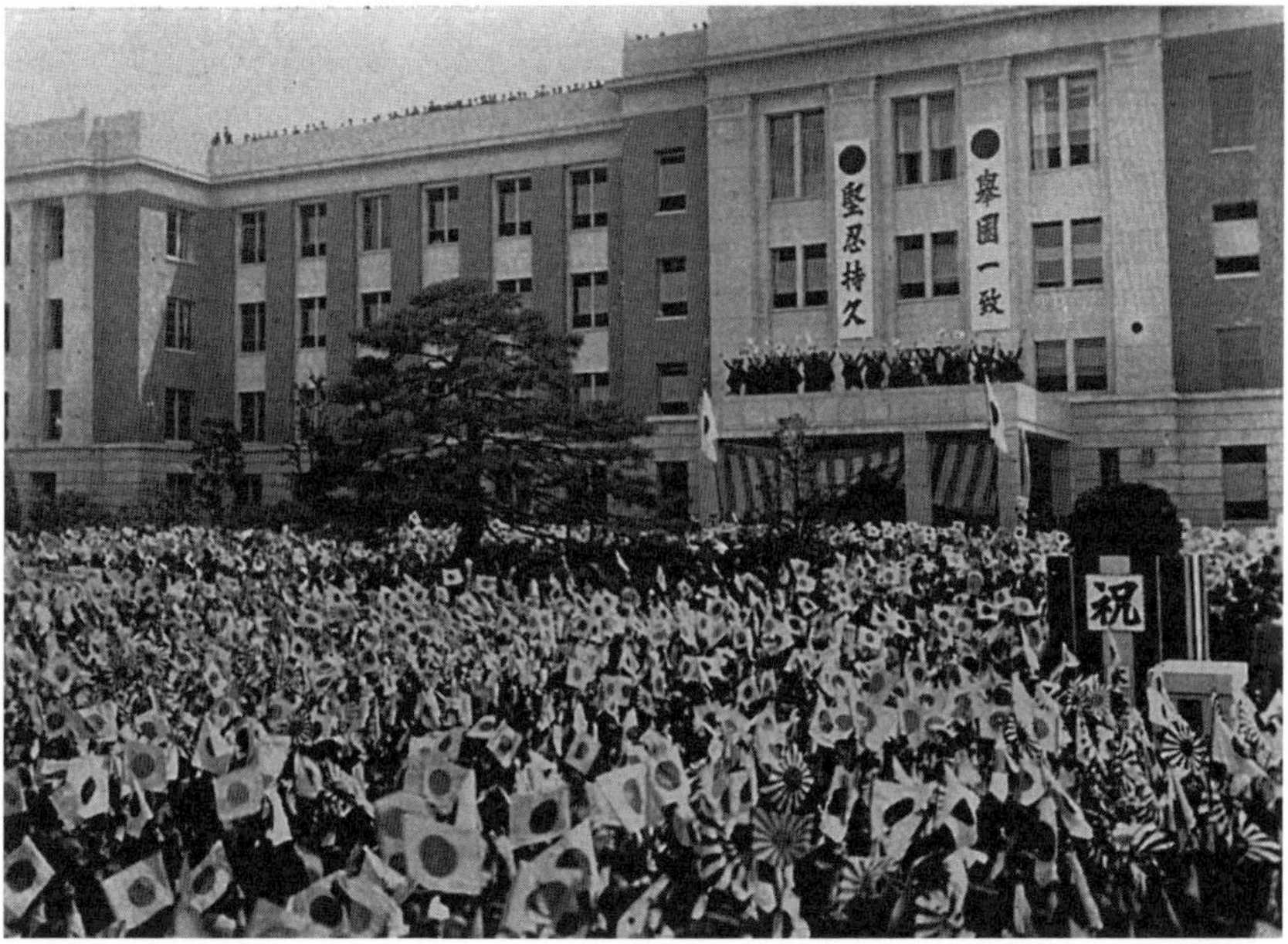

竣工式を祝い大津市内の学校生徒による旗行列が行われた。車寄せおよび本館屋上に多くの参列者があふれている。

同年一一月一二日にはさっそく議会の開会式が行われています。

その後も工事は順調に進み、昭和一四年四月二二日に庁舎の清祓式が行われ、四月二六日から三日間で庁舎移転を終えています。竣工祭及び竣工式は同年五月一六日午前十時から、庁舎屋上において挙行されました。式典には来賓七百名のほか、多くの県民、学生が参列しています。知事、内部大臣のほか関係者一〇名、寄付者代表東洋レーヨン株式会社、県政記者代表、顧問技師の佐藤功一、同國枝博、工事請負者代表大林組代表者近藤博夫らが主たる代表として玉串奉奠《たまぐしほうてん》をおこなっています。

当日は、来賓には信楽焼の獅子の置物や風呂敷などが贈呈され、職員には記念の杯、絵葉書、折詰弁当が配られたといわれています。

なお、式典が終わる頃、大津市内の小学校、高等女学校生徒より編成された旗行列の隊列が、祝歌「滋賀県庁舎落成祝賀行進曲」を斉唱しながら続々と県庁前に集まり、再び市内を行進し、市中は湧き返る賑わいを呈したといわれています。

200分の１の新庁舎石膏製模型
製作した建彫社は帝室博物館の室内装飾や築地本願寺狛犬像を手掛けた東京美術学校出身の彫塑家桝沢清（1892 ～ 1948）が設立。

また、当日平知事から県民に対し県庁本館の竣工を伝えるとともに感謝の意を表する談話が発表されました。この談話では「本庁舎は起工以来一年七か月の期間と、約二〇〇万円の巨費と延六万六〇〇〇人の工員とを費やして湖南景勝の一角に質実堅牢、厳然たる威容と端正とを誇る新日本近世式の庁舎が完成したことを喜び、この改築によって事務の能率が増進し県民の利便を図る上において効果を得ることを確信すること、職員一同職務に精励して、一大事業のため巨額の負担をしていただいた県民の思いに応えることを願っている」旨語られています。さらに、多額の寄付者である、大津市、東洋レーヨン株式会社、滋賀銀行、農工銀行、宇治川電気株式会社、京都電燈株式会社、旭ベンベルグ絹糸株式会社、東洋紡績株式会社、鐘淵《かねがふち》紡績株式会社および工事施工者等に対し謝意を表することなどが述べられています。

なお、五月十八日から三日間、県庁本館が県民に一般公開されました。

第3章

県庁建築に関わった人々

設計者・佐藤功一

滋賀県庁舎の設計者としては、佐藤功一と國枝博の二人の名前が挙がっています。佐藤功一は明治一一年（一八七八）七月二日に栃木県に生まれ、明治三六年七月に東京帝国大学建築学科を卒業したのち、三重県技師となって第九回関西府県連合共進会会場や県立学校の設計を担当します。明治四一年六月に宮内省内匠寮に移りますが、この年の暮れに辞して、翌四二年一月には欧米留学に赴いています。この留学は、建築学科新設を計画する早稲田大学から派遣されたもので、四三年九月に帰国するとすぐさま講師となり、翌年に教授に就任します。

佐藤功一肖像

専任教員がそろっていないなか、佐藤は奮闘して学科の基礎を作りあげます。夜遅くまで製図室に詰めて学生を指導した様子は、今にいたる語り草になっています。佐藤の薫陶を受けて、村野藤吾、佐藤武夫、今井兼次、武基《たけもと》雄《お》といったすぐれた建築家が輩出することになります。

教育のかたわら、大正七年には佐藤功一建築事務所を開設して、二三三件もの作品を残します。代表作としては、なんといっても日比谷公会堂（東京市政会館・昭和四年）、早稲田大学大隈講堂（昭和二年、佐藤武夫と共同）がよく知られています。丸の内に建った日清生命館（昭和七年）は近年改築されましたが、ファサードは新築されたビルの低層部に継承されています。また広島赤十字病院（昭和一四年）は被爆建物として壁体の

日比谷公会堂（東京市政会館）
ネオ・ゴシック様式のシャープな外観は関東大震災からの復興のシンボルともなった。

日清生命館
東京・丸の内に所在。外観は保存されている。古典様式の立面の三層構成（40ページ参照）をよく守ったデザイン。

群馬県庁舎（昭和３年）
現在は「昭和庁舎」として展示・会議場等に活用。

宮城県庁舎（昭和６年）
昭和61年に解体。

栃木県庁舎（昭和13年）
現在は部分保存。

福島県庁舎模型
昭和12年に着工したが、１階ができたところで資材不足により中断し、戦後に構造体を生かして再建。

米子市庁舎（昭和５年）
米子市立山陰記念館として保存活用。

一部が保存されています。

その作風は、歴史的な様式を踏まえながらも、そこに近代的な感覚を導入しようとするものでした。すなわち左右対称性や立面の三層構成（基部・主階・屋階の区分）といった様式建築の骨格は守っていくのですが、細かな装飾は単純化し、また曲面をあまり使わず、建物のエッジを強調します。こうした設計手法によって、佐藤作品は格調を感じさせつつも、見る者に明快な印象を与えます。インテリアでも様式的な装飾を駆使しますが、ことさらな豪華さを狙わず、常に端正さを保っています。

佐藤功一を語るとき逸することができないのは、彼が戦前に県庁舎を最も数多く設計した建築家であるということです。群馬（昭和三年竣工）・宮城（六年）・栃木（一三年）・滋賀（一四年）・福島（一二年に着工後中断）の五県が挙がります。このほか、中央官庁では帝室林野局（昭和一二年）を手がけています。これも名作と評価する声が多かったのですが、早くに取り壊されました。市役所では米子市庁舎（昭和五年）が知られ、こちらは米子市立山陰記念館として保存されています。本県を含め、タイルを駆使した温和な表情をもち、戦前期の官庁によく見られた威圧的な雰囲気はありません。

彼は昭和一六年五月に、建築家では三人目の帝国芸術院（現在の日本芸術院）会員となることが決定していたのですが、七月の発令を目前にした六月二二日に世を去ります。

設計者・國枝博

一方、國枝博は、明治一二年（一八七九）六月二〇日

國枝博肖像

に大阪府に生まれ、明治三八年七月に東京帝国大学建築学科を卒業しています。翌三九年九月に大韓帝国内に設けられた度支部《たくしぶ》建築所の技師となり、現在のソウル（当時は漢城府と呼ばれた）に赴任します。韓国併合に先立って、日本は韓国の行政への関与を強めており、官庁営繕を担当する度支部建築所を設置して日本人技師を派遣していました。明治四三年（一九一〇）の併合後は、國枝はそのまま朝鮮総督府技師となります。朝鮮では総督府医院の建築工事に従事します。これは最初の近代的医療施設・医学教育施設で、明治四一年に今も残る本館を完成させ、以後の増築も担当します。実は滋賀県庁の明治庁舎を設計した小原益知も明治三九年五月から一年あまり統監府（総督府の前身）の建築技師を務めています。所属は異なるのですが、交流があったことと思われます。
さて朝鮮総督府の庁舎は長く南山山麓にあった統監府庁舎を用い、景福宮前面に新築移転するのは大正一五年（一九二六）のことです。しかし、その建設の計画は併合直後からスタートしています。初代総督の寺内正毅は自邸を設計したドイツ人建築家ゲオルグ・デ・

朝鮮総督府庁舎（大正15年）

旧大阪農工銀行（昭和４年）
大阪・船場に所在。大正７年に辰野片岡建築事務所の設計で建てられたものを國枝が改修した。
平成25年、外壁だけを保存して改築。

旧常磐生命保険（昭和５年）
東京・日比谷に所在した。ロマネスク様式による微細な装飾で知られた。

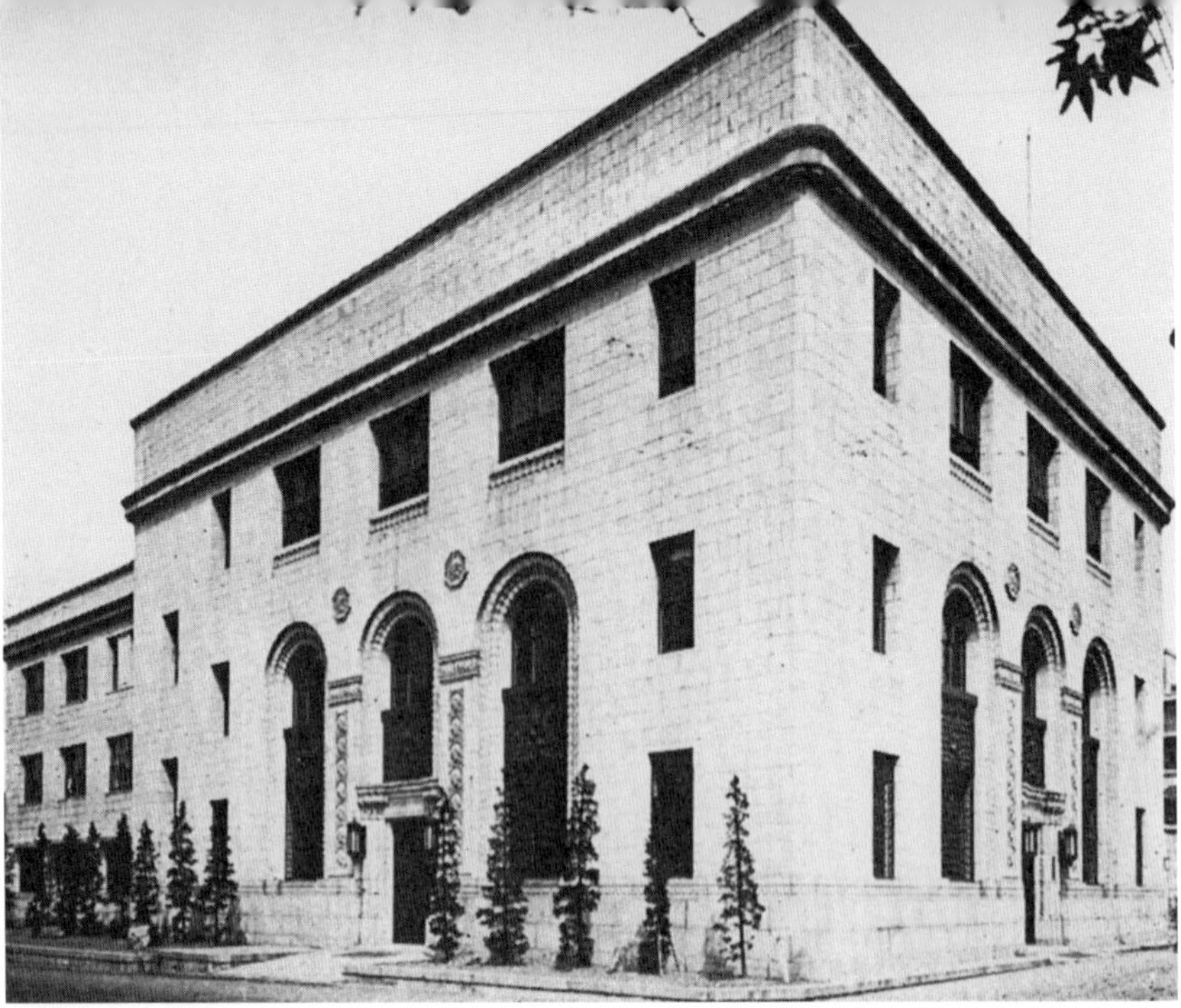

滋賀農工銀行（昭和７年）
現大津市浜町に所在した。アーチの縁にめぐらされる細かい装飾に國枝らしさが見てとれる。

ラランデに設計を依頼しますが、デ・ラランデが基本計画段階の大正二年（一九一三）に急死したため、台湾総督府庁舎の建設を担当していた野村一郎を顧問に迎え、國枝が主任として設計にあたることとなります。大正五年六月の地鎮祭から大正一五年一〇月の竣工まで一一年を要する大工事でしたが、國枝は途中の大正七年九月をもって総督府を退職し、翌八年に大阪で設計事務所「國枝工務所」を開設します。

自営に転じてからの業績は六八件が知られています。現存する作品では、大阪・船場に壁面保存されている大阪農工銀行（昭和四年）、旧大分農工銀行（現みずほ銀行大分支店、昭和七年）がよく知られます。東京・日比谷に建っていた旧常盤生命保険社屋（昭和五年）は、日比谷通りと国会通りの交差点という目立つ場所にあったこともあって、國枝の代表作と目されてきましたが、昭和五五年に取り壊されました。

國枝はさまざまな様式を使い分けるタイプの建築家でしたが、共通する特徴があります。それは、微細な装飾をちりばめることです。全体としては平滑な壁面をもった建物の、窓周りや軒、天井といった特定の部分に、濃密な装飾が施されるのです。装飾の多様を控える建築家が多い日本では珍しいタイプの個性として知られています。彼は戦時体制化が進むなかでも設計活動を続けていましたが、昭和一八年八月六日に死去します。

共同設計について

佐藤功一と國枝博が共同設計をおこなったのは、この滋賀県庁舎本館だけです。計画の最初から二人で進めており、当初から共同設計という前提であったものと思われます。想像するに、佐藤は昭和一〇年一月に広島県立病院、六月に帝室林野局庁舎、一一年一月に栃木県庁舎という大作の設計依頼を受けており、単独で担当する余裕がなく、関西を拠点とする國枝にサポートを頼んだのではないでしょうか。作業の分担ですが、『改築記念誌』の記述から見て、平面は二人で決定し、立面意匠の基本設計については佐藤が担当し、細部については國枝が担当するという分担だったと考えられます。後出の「工事日誌」に記されているように、國枝は毎週のように現場を訪れています。

佐藤と國枝の接点についてはよくわかりません。履歴で重なるところはありませんが、大学の卒業年次も近く、またそれぞれの代表作である東京市政会館と常盤生命はほぼ同じ時期に指呼の間で工事を進めており、顔を合わせる機会も多かったはずです。あるいは、佐藤は東京府農工銀行本店（昭和三年）および二支店、國枝は岡山（大正一四年）、阿波（徳島）（昭和三年）、大阪（昭四年）、大分（昭七年）、滋賀（昭七年）と、ともに農工銀行の店舗を手がけていることから、そのあたりで接触の機会があったのかもしれません。國枝は朝鮮総督府庁舎のほか、兵庫県庁舎の増築（大正九年）、岸和田市庁舎（大正一一年）といった行政庁舎の経験も持っており、佐藤としても信頼するに足ると思えたのではないでしょうか。

施工者・大林組

施工を担当した大林組は、今日、スーパーゼネコン五社の一角を占める建設会社です。多くの建設会社が大工棟梁として江戸時代にルーツを持つのにくらべると設立は遅く、明治二五年に大阪の地に誕生しました。能登川町出身の実業家阿部市郎兵衛が設立した阿部製紙所の工場建設が最初の工事でした。こののち、創業者大林芳五郎の積極的な経営によって、明治後期には大阪を代表する建設会社となり、大正三年には東京駅の赤れんが駅舎を完成させて全国的な知名度を得るにいたります。この間、滋賀では県立第二中学校寄宿舎（明治三五年）や県立師範学校校舎（明治三六年）を建設しています。

さて、先に見たように昭和一二年七月に設計が完了したので、県は施工業者を決定すべく、請負金額の入札に付します。しかし、七月七日に起きた盧溝橋事件とその後の戦局の拡大によって、物価、賃金ともに急騰していました。このため、実に四回の入札を繰り返しても県側の予定価格を超過し、ついには業者が応札を辞退するに至ります。そこで、『改築記念誌』の言葉を借りれば、「信用確実にして本県に縁故の浅からぬ」大林組に交渉して、随意契約で請け負うことを承諾してもらいます。正式の契約が九月二六日で一〇月一日をもって着工とし、一〇月一四日に地鎮祭を挙行します。上で言われる「縁故」というのは、創業の事業が近江出身の阿部一族がもたらしたものであったことを指すのでありましょう。また佐藤功一設計の宮城県庁舎や日清生命、國枝博の設計による常磐生命、滋賀県農工銀行を施工している点も考慮されたのではないでしょうか。

平敏孝知事

佐藤功一と國枝博を設計者に起用することは平敏孝知事の「腹案」であったといいます。ここで平敏孝知事の経歴を見てみましょう。平は明治二六年（一八九三）、鹿児島県に生まれ、一高から東大法学部という秀才コースを歩んで、内務省の官僚となった人物です。初代、二代とも県庁舎新築の音頭を取ったのが薩摩人というのは偶然とはいえ、奇妙な符合です。平は本県で初めて知事の職務を務める「知事一年生」で、前職は福岡県の総務部長、その前は奈良県内務部長でした。昭和一五年まで本県知事を勤めたのち、長崎県知事に転じ、昭和一七年に退官して特殊法人の日本医療団総務理事などを勤めます。

府県庁舎の設計者の選ばれ方はさまざまで、一般論としては語れないのですが、知事あるいは内務部長・総務部長（現在の副知事格）と建築家との個人的なつながりが存在する場合がしばしば見られます。たとえば牛塚虎太郎（一八七九～一九六六）という内務官僚は佐藤功一を気に入って、岩手では県公会堂、群馬と宮城では県庁舎というふうに、知事として着任した各県で大きな公共建築を依頼しています。

平敏孝知事についても、それまでの任地で佐藤功一設計の県庁舎と遭遇して気に入っていたというストーリーがありそうに思うのですが、残念ながらその可能性は薄いようです。彼の任地と佐藤作品の県庁舎が重なるのは群馬県ですが、平が課長として在任したのは大正一二年までで、佐藤の設計した庁舎の着工は大正一五年八月ですから、ちょっと早すぎます。

平は関東大震災の後、その復興事業を担うべく設立された帝都復興院とその後身である復興局に移り、建築部・経理部に五年以上勤めます。一方、佐藤も同院の嘱託に任じられていたので、接触の可能性はこのときの方が高そうです。もとより、上に述べたように、佐藤は著名な建築を多数手がけているスター建築家でしたから、ことさらなつながりがなくても平知事が注目したということがあっても不思議ではありません。

平敏孝知事

佐々木尚徳と前川鬼子男

県の技師として携わった佐々木尚徳は、島根県の出身で、明治四一年に名古屋高等工業学校（現・名古屋工業大学）建築科を第一期生として卒業した人物です。卒業後はまず台湾総督府営繕課に勤務し、大正七年ごろに金沢市技師に転じます。大正九年に本県技師となり、県庁舎竣工後の昭和一六年に退職しています。この間、県で「建築技師」の職階についていた官吏は、佐々木のほかには古社寺保存を主に担当した西崎辰之助（昭和七年まで。同一四年から日名子元雄）だけでした。県の施設の建設事業においては、長きにわたって佐々木が中心的な役割を果たしたことがうかがわれます。

改築事務所長を務めた前川鬼子男は明治二八年（一八九五）二月三重県生まれ。道路主事、土木主事などを経て、昭和九年（一九三四）に農務課長、翌一〇年に庶務課長となりました。同一二年に改築事務所長を兼務し、昭和一五年の改築事務所廃止後には税務課長、調査課長を兼務しています。昭和一八年からは地方課長を務めました。

前川は、毎朝夕、登庁前と退庁後には現場に足を運んで、作業を督励しました。日々の見聞でコンクリート打設の要領をすっかり会得したといわれます。『改築記念誌』はその熱意を「さながら我が子を育てるように」と形容しています。

『改築記念誌』はまた、平知事、内藤総務部長もしばしば現場を視察に訪れていたことを述べ、「県当局―設計者―現場監督―請負者の四者」の意思の疎通がよく取れていて、それによって工事が円滑に進んだことを特記しています。

なお、改築事務所のスタッフとしては前川所長、佐々木技師のほか、昭和一二年八月設置時点で六名が任命され、その後一一名が加わります。

第4章

県庁舎本館の造形の美

議事堂正面　当初は前面道路とのあいだがもっと広く、車寄せの存在が引き立っていた。

貴賓室　白を基調とした高雅な雰囲気は佐藤功一の真骨頂。

県会議場　半円形の議席の配置をはじめ、竣工当初の姿をよくとどめる。床はゴムタイル敷きだった。

本館正面全景　106mという横幅は戦前の府県庁舎の中で最大。

知事室　別室との境にガラス引き戸を用いることで二室を一体化でき、
重厚な中にも伸びやかなたたずまいが生まれる。

建物の概要

滋賀県庁舎は、JR東海道本線大津駅から東へ二〇〇mほどの位置にあり、旧東海道から一本南側の街路の南側に敷地を構えています。街路に面して立つ門を抜けると、中央に噴水を備えた石敷きの前庭が広がります。その奥に、北面して本館が建っています。敷地の正面と西側は低い石塀と生垣を巡らせ、本館西側の議事堂側にも門柱を設け、出入り口としています。現在、本館の背面側(南側)には鉄筋コンクリート造、地上七階建ての新館および、東館が、本館の東後方に五階建ての北新館があります。敷地面積は七〇〇〇坪あり、本館敷地の東側には県公館、知事公舎などがあります。

本館は昭和一二年(一九三七)一〇月一日に起工し、一〇月一四日地鎮祭、同一三年一一月八日上棟式・定礎式が行われ、同一四年四月三〇日竣工しました。竣工式は同年五月一六日に行われています。工事費は一六二万七四三二円九〇銭です。設計は県庁舎を多く手がけた佐藤功一と濃密な細部装飾をこらす作風で知られた國枝博の両氏で、施工は株式会社大林組です。構造は鉄筋コンクリート造、地下一階、地上四階建て、屋根は陸屋根で正面中央に鉄骨造の二段構成の塔屋を設けています。竣工時の建築面積は三五九七㎡、延床面積は一万五五三〇㎡あります。なお、本館の南西部分は昭和三三年、東翼部の背面は昭和五五年に増築されています。

建物の高さは、四階の屋根まで二〇・〇m、塔屋の頂部まで四四・六mあります。平面は中庭を囲むロ字型をなし、北を正面として前面のみ左右に翼部を伸ばしています。正面間口は一〇六・四mと全国の府県庁舎の中で最も長く、側面は六九・一mあります。

昭和初期の府県庁舎の課題

そもそも各府県の庁舎は、江戸時代の代官所や陣屋に替わる近代的な地方行政の舞台として、明治維新以降そのあり方が模索されてきました。明治三〇年前後には、ヨーロッパの地方庁舎をモデルとして一応の定型が生み出されます。それは①煉瓦造を採用し、建坪が七〇〇坪以上、②平面が中庭を囲むロの字型(あるいは日の字型)で、正面側に儀典室である正庁や知事室などの理事機関の重要室を配し、背面側に議決機関の府県会議場、参事会室を置く、③立面意匠は正背面の中央部の壁面を列柱で飾り、屋根にドームや塔を立てるという宮殿のようなバロック様式的構成を見せる――といったものでした。東京府庁舎（明治二七年）、兵庫県庁舎（明治三五年）、京都府庁舎（明治三八年）がその代表です。以後、議事堂を別棟とするといったバリエーションはあるものの、大正後半までこの定型が受け継がれます。

しかし、大正から昭和に替わるころ、次の変化が訪れます。郡役所の廃止をはじめとする地方行政の変化にともなって行政事務が増大し、そこに鉄筋コンクリート構造が一般化してきたことによって、庁舎の階数がそれまでの二階建てから四階〜六階に増えます。またこの時期は不況が続き、緊縮財政が求められました。このため、府県庁舎の外観は、明治の宮殿型から単純な箱形のオフィス・ビル型へと変わることになります。大阪府庁舎、あるいは本県が参照した富山県庁舎、和歌山県庁舎がその典型です。

もちろん、府県庁舎は地域のシンボルとしての地位を失ってはいませんから、そうしたなかでもさまざまな意匠上の演出が試みられています。神奈川や愛媛・茨城では高い塔を立てました。愛知県庁舎はペントハウスに名古屋城天守閣を写し取っています。室内意匠に努力が向けられる場合もしばしば見られます。岐阜県庁舎では地元で産出する大理石によって重厚にまとめられました。山梨ではブドウをモチーフにした浮き彫りが要所を飾っています。

このように、昭和の府県庁舎の設計は単純さと象徴性という相反する志向に引き裂かれた困難な課題でした。ここにおいて、佐藤功一はこの困難さを逆手にとって新機軸を生み出そうとしていたように見えます。

佐藤功一設計による府県庁舎における外観意匠の特徴

佐藤功一は、第三章で述べたように、群馬・宮城・栃木・福島、そして本県と五件の県庁舎を設計しました。共通する傾向として、立面では、石張りの地階層とタイル貼りの主階層の二層、その上のエンタブレチュ

富山県庁舎（昭和10年）
増田八郎と大蔵省営繕管財局の設計になる。増田はこれに引き続いて和歌山県庁舎（昭和13年竣工）を設計する。

栃木県庁舎議事堂外観
北西側から見たところ。左側が庁舎の本体で、右手に議事堂棟が大きく突出している。

神奈川県庁舎（昭和３年）
設計競技で案を求め、小尾嘉郎が入選した。高い塔は横浜港に入る船に対してシンボルとなることを狙った。

愛知県庁舎（昭和13年）
名古屋城天守閣をかたどった塔屋をいただき、「日本趣味の建築」として知られる。

栃木県庁舎
柱から上の水平の部分(日本建築でいえば梁や軒にあたる部分)を総称して「エンタブレチュア」と呼ぶ。これをさらに下からアーキトレーブ、フリーズ、コーニスの三層に区分する。ここでは陸屋根であることに対応して大きく変形している。アーキトレーブの幅がきわめて狭く、デンティルを配したコーニスも薄い庇のようになっている。そのかわりに最上部にはバラストレード(軒高欄)をもつパラペット(胸壁)をめぐらして，スカイラインを引き締めている。

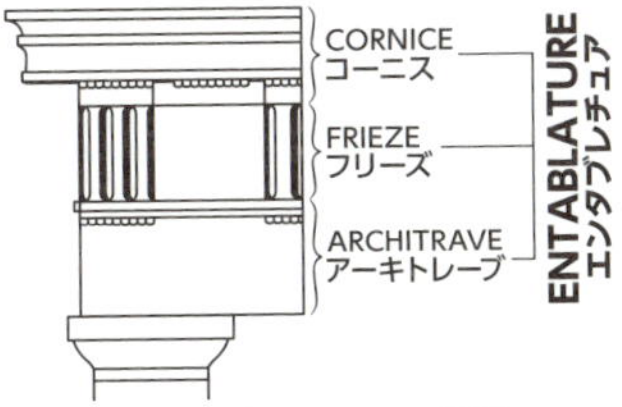

エンタブレチュアの構造

福岡銀行本店
十七銀行本店として建設され、太平洋戦争中の銀行統合で改称。

サンタ・マリア・インコロナータ聖堂
ジョバンニ・バッタジオの設計。ミラノ近郊のローディに所在。宮城県庁舎(38ページ参照)の塔の典拠ではないだろうか。

ア、という構成が明確なこと、外壁に薄いピラスター（付け柱）を配し、その列柱のあいだに窓が開いているという手法を取ることが挙げられます。そして細かな装飾の使用は抑制されていて、特に軒まわりや窓まわりはすっきり処理されています。エンタブレチュア層の上部をなすコーニスは、「軒蛇腹」と訳されることにもうかがえるように、本来は何段にも繰り型を重ねるのですが、佐藤作品では薄い板状の突出とその下のデンティル（歯形飾り）だけに単純化されています。そして、コーニスの下側のフリーズ層も上側のパラペット（胸壁）も、装飾をもたない平滑な面として仕上げられます。また、窓も抱きの浅い矩形のものが規則的に並べられます。同時期の他の府県庁舎よりも軽快に感じられるのはこうした処理の成果です。

佐藤功一設計の県庁舎は、中央部だけはいずれも意匠的なアクセントを付けて強調しています。群馬は三連アーチの車寄せ、宮城・滋賀・福島は尖塔をいただく塔屋、栃木は列柱の強調といった手法が取られます。ただ、そうした処理も、全体を支配するほどの強烈さはもっていません。神奈川県庁舎の塔や愛知県庁舎の大屋根が見る人を驚かせるのとは大きな違いがあります。あくまでも水平と垂直の秩序を壊さない範囲でのアクセントとして納まっているのです。

この点について、弟子の伊藤義次は「先生は〔中略〕ギリシア様式の精神を盛り込んだ端麗な、美しい文様等を研究され、それを基盤として設計された第一作は、ホテル・テイト（元帝室林野局庁舎）と滋賀県庁舎、それについで栃木県庁舎等に見られる。なお商業建築としては福岡市の福岡銀行がある」と回想しています。この四作に共通するのは、フルーティング（溝彫り）を施した薄いピラスターの列であり、薄いコーニスの横線が巡るエンタブレチュアです。これらの手法は、伊藤氏がいうように古典的な端麗さを生んでおり、その性格は建築全体を貫いているといってよいでしょう。

なお、本県庁舎の塔屋を国会議事堂と関係づける見方が存在します。ただ、本県に先立って宮城県庁舎ですでに角錐状の塔屋を採用していて、本県はその延長線上にあるといえます。宮城県庁舎の設計案が固まるのは昭和三年で、国会議事堂の完成は昭和一一年ですから、直接の関係はないと考えたほうがよいでしょう。もちろん、国会議事堂の完成が滋賀・福島での角錐状塔屋の採用を後押ししたという事情は考えられますが、着想自体は国会議事堂に先行するというべきでしょう。宮城県庁舎の塔屋のデザインソースをあえて探すとすれば、イタリア・ルネサンス建築のひとつ、サンタ・マリア・インコロナータ（バッタジオ設計、一四八八年以後）あたりではないでしょうか。

当庁舎の外観意匠

それでは、滋賀県庁本庁舎の外観をじっくり眺めてみましょう。

立面は、地階層と主階層の二層から構成されています。「地階層」といっても現実には一階なのですが、壁の仕上げを人造石ブロック貼りとし、目地を深くとって、あたかも頑丈な土台のように見せています。二階から四階までの外壁はタイル貼りとし、中央と両翼ではそれぞれ四本の柱型を並べます。石積みの土台の上に柱を立てているという想定です。実際にはもちろん上から下まで鉄筋コンクリートで一体的につくられています。こうした立面の分節は古典様式の一般的な手法でした。

古典様式には五種類の柱の形式（オーダー）があります。柱頭の形状で区別するのですが、この柱型の柱頭飾りは五種類のどれにも属しません。この柱頭の左右両縁に上部が丸まった装飾があります。これはおそらくはアカンサス（地中海沿岸を原産地とする多年草のハアザミ）の葉が巻いている姿を思い切り抽象化したものと見ることができます。そうだとすると、コリント式の変形と呼んでよいでしょう。コリント式は若い女性の姿になぞらえられる繊細な形式です。その持ち味は、この注型にも受け継がれていると思えます。

柱頭の中央にある扇のような装飾は、アンテミオン文様と呼ばれるもので、スイカズラの花に由来するともいわれます。後出のパルメット文様（シュロの葉に由来）に似ていて、定義もさまざまなのですが、ここでは内側に閉じるものをアンテミオン、外へ開くものをパルメットと区別することにします。

柱型は階ごとに区切られることなく、三階分を貫いています。これは一七世紀のバロック様式で現れてき

本館壁面
２階から４階はスクラッチタイルを貼り付け、柱間は１階と同じ人造石ブロック貼り。
なお、金属のバルコニーは昭和62年に設置。

本館正面車寄せ
隅柱は議事堂玄関は３本だが、こちらは１本。

議事堂正面車寄せ
正面の両柱は３本からなる。

２階から４階を貫くコリント式のジャイアントオーダー

本館中庭側の壁面

正面中央部の正面飾り
下から、両端がコリント式柱頭飾り、中央に長方形のレリーフ（浮き彫り）、その上にアクロテリオンを載せている。

コリント式を変形したと思われる佐藤功一の独特の柱頭

現在の正面中央のアクロテリオンは実はレプリカで、当初のものは本館中庭に置かれている。

たジャイアント・オーダーと呼ばれる手法です。タイルは櫛で引っかいたような縦筋が入るスクラッチタイルが採用されました。フランク・ロイド・ライトが帝国ホテルで用いて以来、大いに流行したものです。

パラペット層には装飾がないのですが、正面中央にだけは左右対称のアカンサス文様の浮き彫りが施されます。その上には古代ギリシアに由来するアクロテリオン（軒の上や破風の棟などに置かれる装飾的な彫刻）が配されています。パラペットの角にもL型平面のアクロテリオンを見ることができます。さらに塔屋一段目にもアクロテリオンが置かれます。これら軒まわりの装飾には共通してパルメット文様が用いられていますす。その上方、尖塔部に眼を凝らしてください。ひときわ巨大なパルメット文様が刻まれていることに気付くでしょう。

なお正面中央で威風を払うアクロテリオンは実は建設当初のものではありません。当初のものは重量が一トンもあったため、外壁改修の際に防災安全上の配慮から取り外され、代わりにFRP製の軽量のレプリカが飾られています。議事堂前面のものも同様に交換されました。取り外されたものは現在、二個とも本館中庭の芝生内に置かれています。また、旧庁舎（明治期）の柱頭飾りも二個同じ場所に保存されており、説明板が設置されています。

車寄せは、正面と西翼部の県会議事堂の玄関にそれぞれ設けています。円弧状の溝掘りをしたドリス式（かなり変形されていますが）の角柱を立て、エンタブレチュアを支えています。車寄せの外側の隅柱は、正面が一本に対し議事堂側はL型に三本の柱を束ねた形式になっています。正面は階段、両側は車廻しのスロープとします。舗石・縁石ともに御影石を用いています。

中庭側の外壁は、モルタル塗の上にセメント吹き付け仕上げとします。明るいクリーム色で執務室内の明るさを確保するのに役立っています。

佐藤功一設計による府県庁舎の平面計画

佐藤功一は、平面計画においても、一般的な趨勢とははっきりと異なる方向性を打ち出しています。昭和

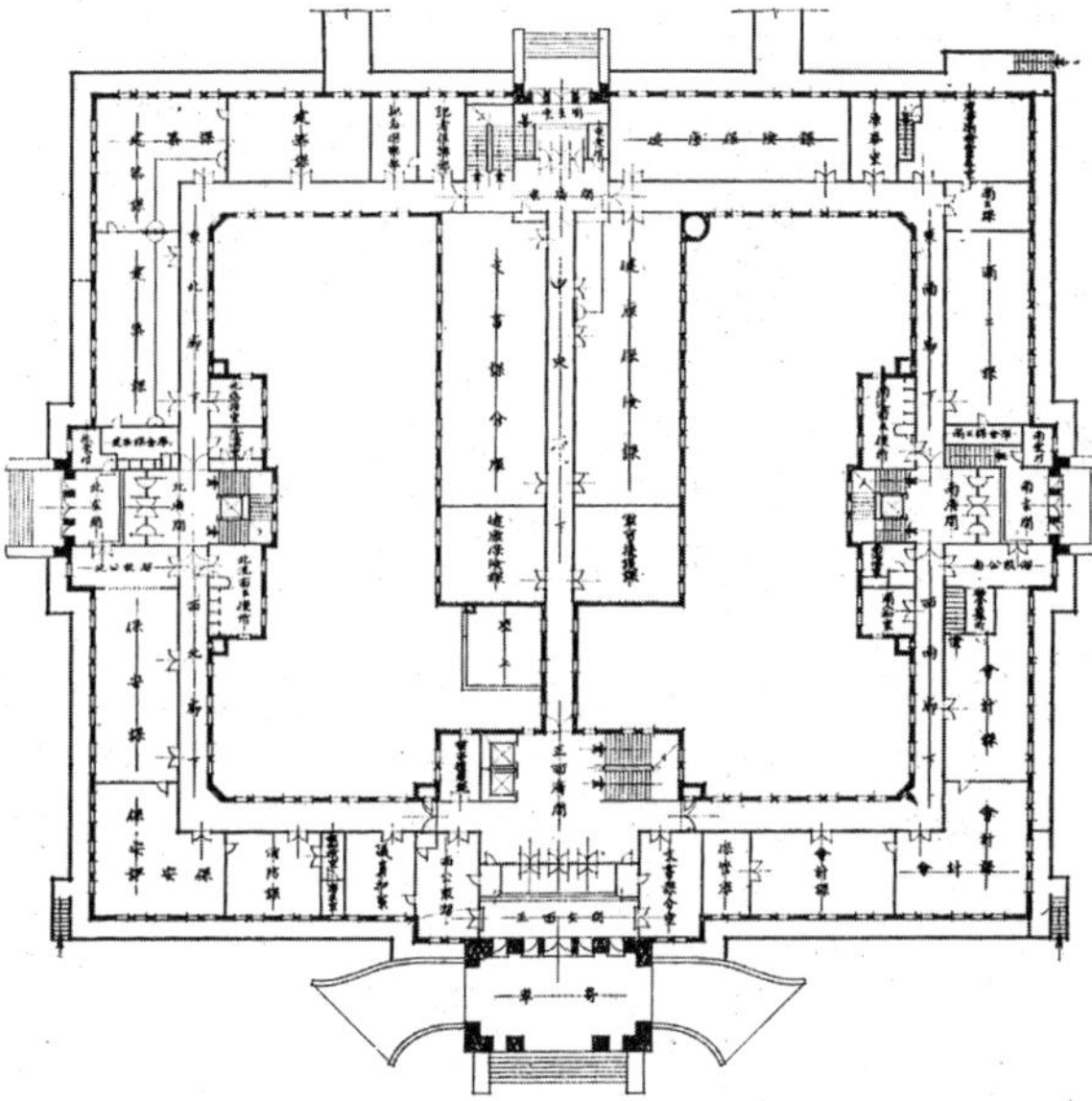

愛知県庁舎一階平面
ここでは中庭は採光用でしかない。なお、愛知県庁舎の平面計画はオフィスビルの手法を取り入れて、中央階段を玄関正面から外し、ロビーを広くとるところに新機軸があった。

に入ると、ロの字型ではなく、日の字型平面形が主流になっていました。ロの字が日の字になるのは、背面側の議事堂との連絡のために中央部を接続するためです（本ページの愛知県庁舎平面図参照）。建築面積の増大とともに、大回りが避けられるようになるわけです。動線は短くなりますが、中庭が圧縮されて、単なる明かり取りになりがちです。これに対して佐藤は栃木・滋賀・福島の各県庁舎ではロの字型を採用しています。彼は議事堂を側面に移動させることで、移動距離の問題を解決しています。そこでの問題は、議事堂への入口が背面中央にあると、理事機関と対等の関係が象徴化できますが、横を向いていると添え物的に見えがちだということです。佐藤はそこで議事堂を突出させる、あるいは正面玄関より大きく作るといった手法で存在を際立たせています。

　ロの字型平面を保持しようとしたのは、各室への採光に配慮したからであろうと思われます。それというのも、ロの字型にせよ日の字型にせよ、一般的な設計では廊下を四周とも中庭に面して巡らし、執務室は外周に沿って配置します。ところが佐藤は室の採光条件

滋賀県庁舎本館各階平面図

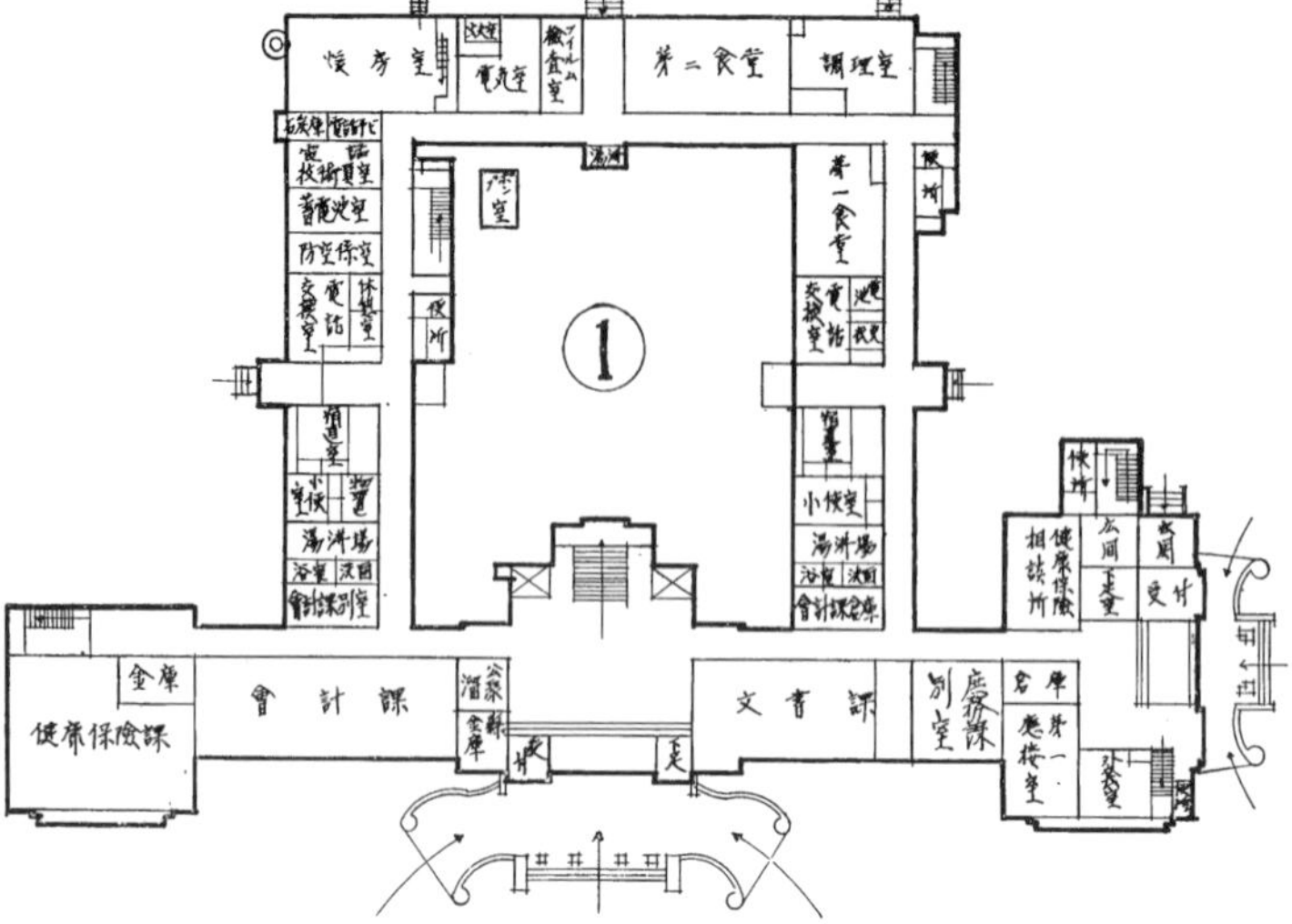

1 階平面図

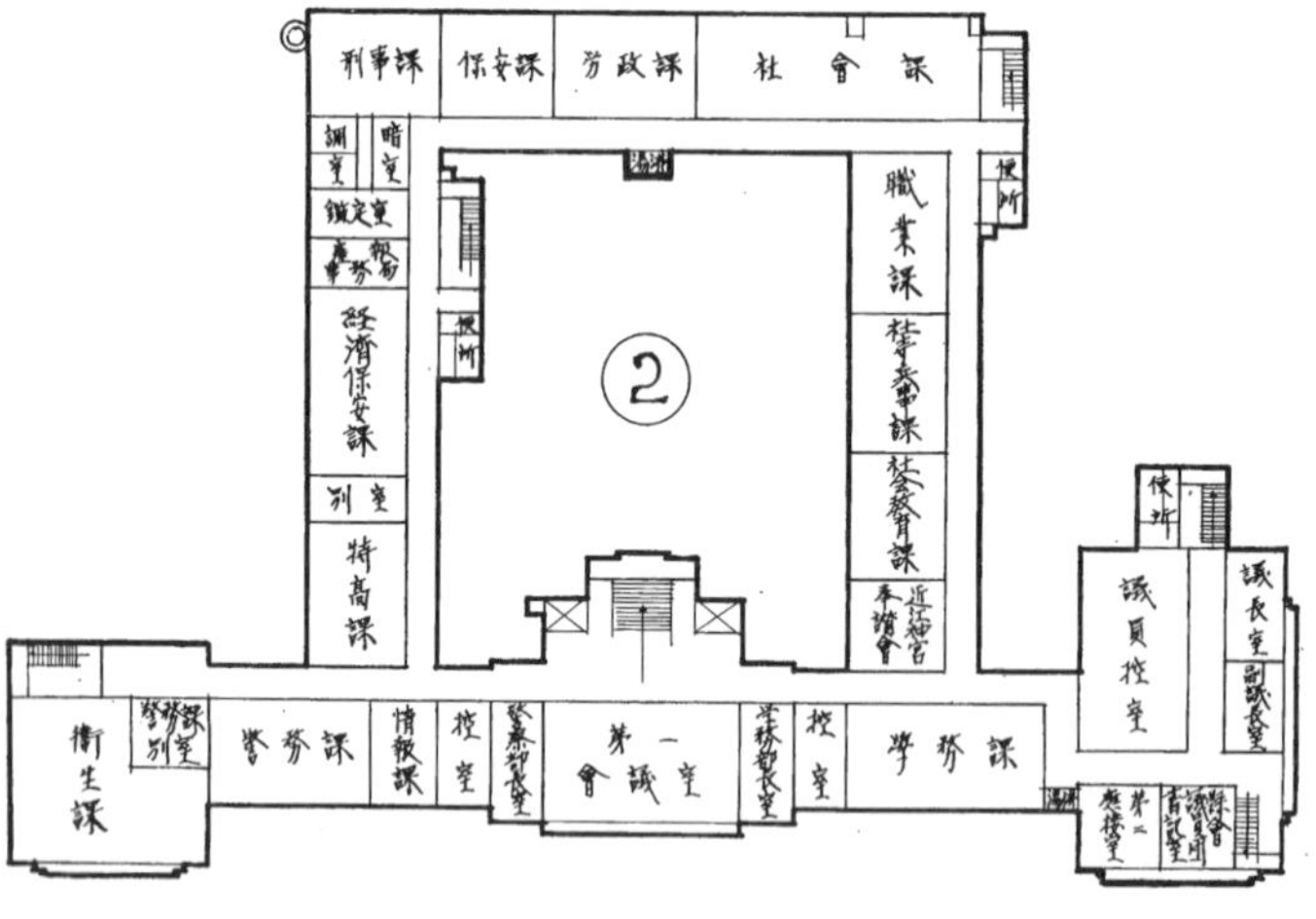

2 階平面図

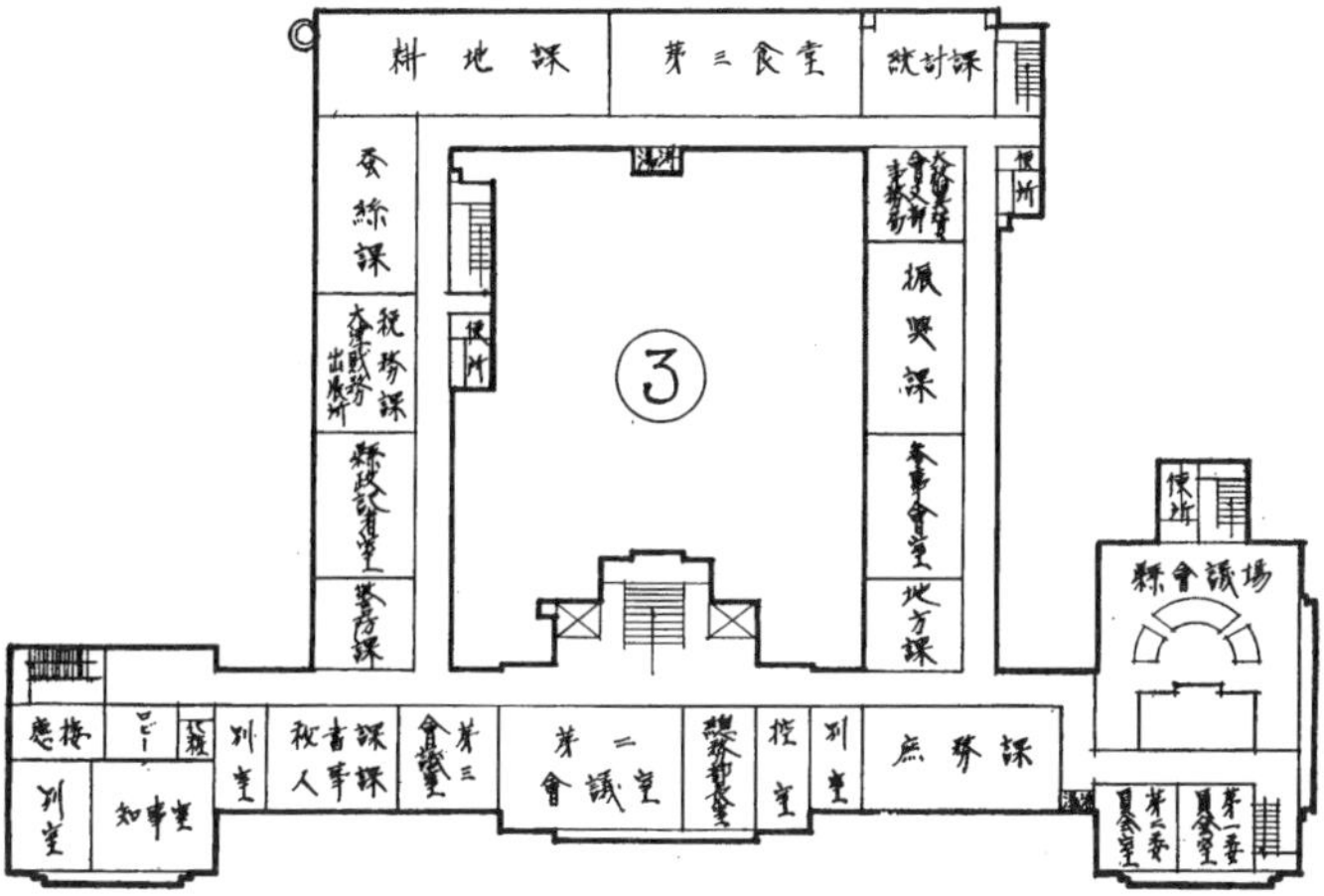
③
耕地課
第三食堂
統計課
振興課
地方課
庶務課
第二會議室
縣會議場
知事室
秘書課
人事課

3階平面図

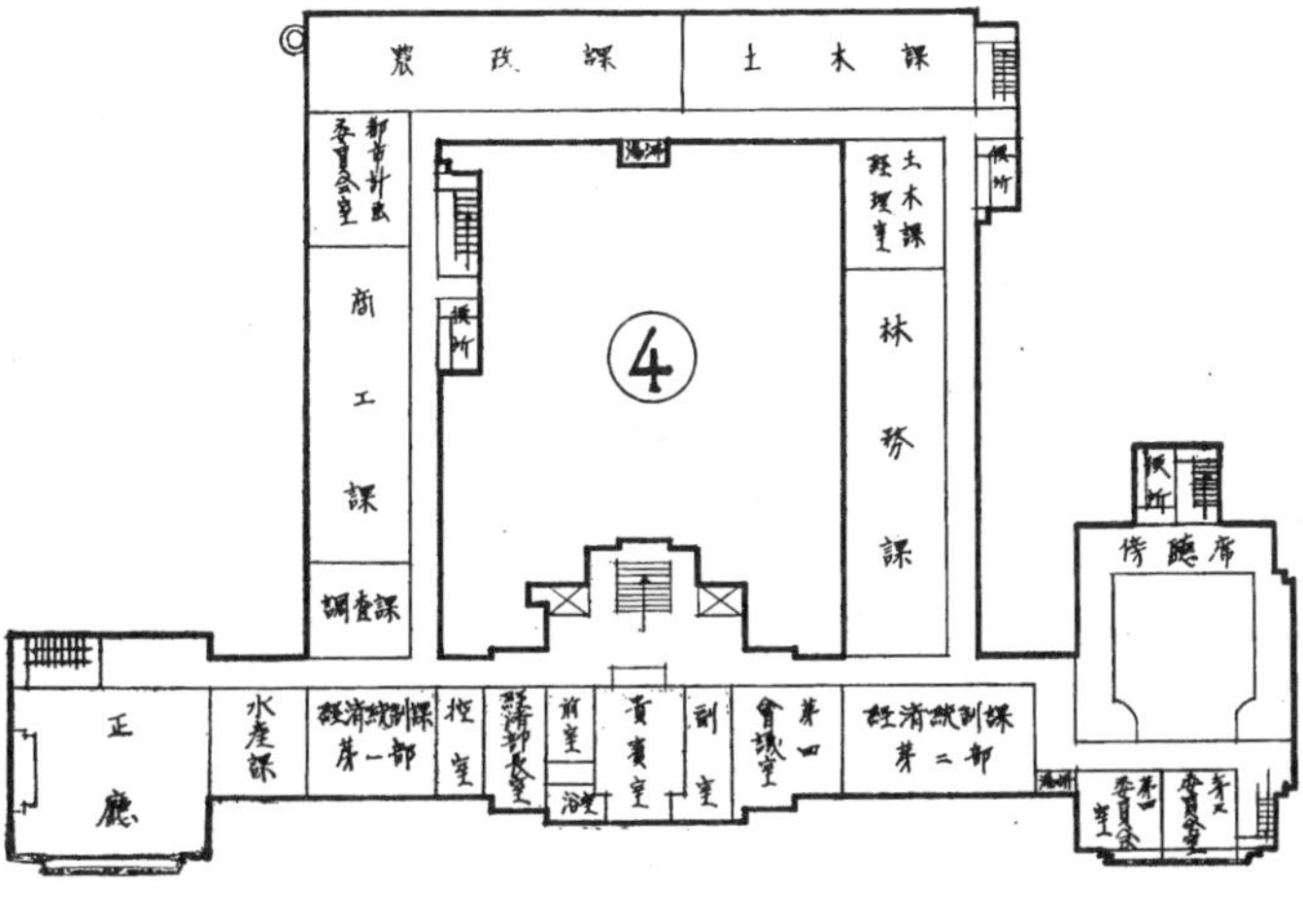
④
農政課
土木課
商工課
調査課
林務課
水産課
正廳
傍聴席
貴賓室

4階平面図

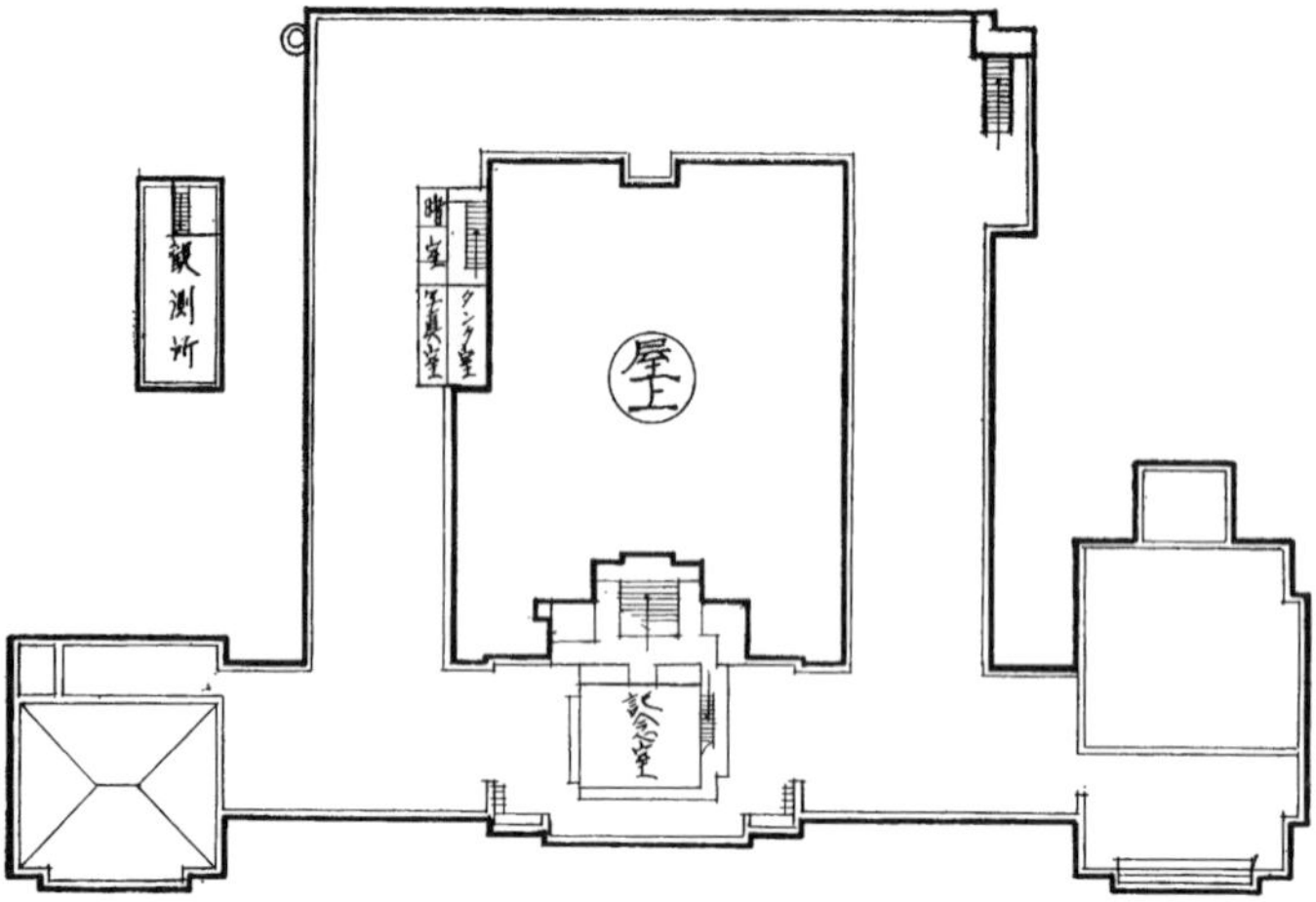
観測所
暗室
写真室
タンク室
屋上
記念室

屋上平面図

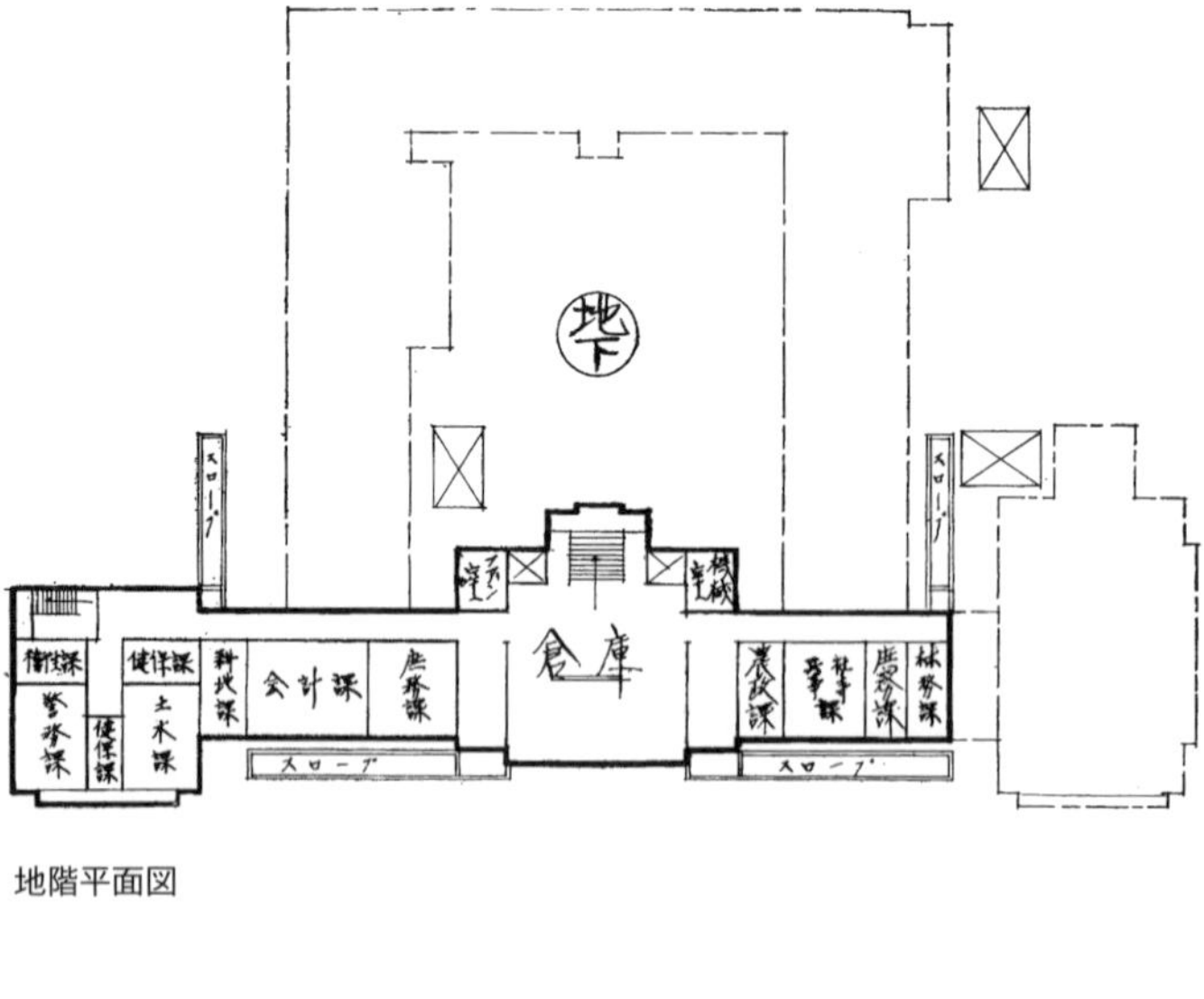
地下
スロープ
スロープ
健保課
警務課
土木課
会計課
庶務課
倉庫
スロープ
スロープ
農政課
庶務課
林務課

地階平面図

を考慮して、執務室が南面、あるいは東面するように、部分的に廊下を外周側に寄せる操作を施しているのです。この配慮を生かすためには中庭は広くなければなりません。そこであえて一時代前の口の字型平面をよみがえられたのだとみることができます。いいかえれば、主流となった日の字型平面の最大の欠点である採光の悪さを回避しつつ、その美点である動線の簡明さと意匠的完成を保つための方策を提案していたわけです。本県庁舎を建築学会の機関誌『建築雑誌』に発表する際に、廊下と議事堂の配置について「本邦この種建築における最初の試み」と特記しているのはそれだけの思いがこもっていたことの表れでしょう。

竣工当時の部屋配置

滋賀県庁本庁舎の設計にあたっては、佐藤功一と國枝博は平敏孝知事や関係部課長と協議しつつ平面計画を策定しています。それでは、竣工した昭和一四年時点での室配置を具体的に見てみましょう。

本館は地下室および塔屋付の四階建てとし、一階は、正面側に文書課、会計課、健康保険課など直接県民と交渉の多い部署を配置し、他に第一・第二食堂、宿直室、電話交換室、電気室などがあります。

二階は正面中央に第一会議室を設け、西側に学務部長室をはじめ学務課、社会教育課など学務部関係の諸室を、東側に警察部長室をはじめ警務課、刑事課など警察部関係の諸室を配置しています。

三階は、正面中央に第二・第三会議室を設け、左の翼部に知事室および知事別室を、知事室の近くには秘書課、人事課、県政記者室があり、会議室の西側に総務部長室をはじめ庶務課、振興課など総務部関係の諸室を配しています。

四階は東翼部に正庁、正面中央に貴賓室と第四会議室を設け、経済部長室をはじめ、経済統制課、商工課、都市計画委員会室、水産課、林務課、土木課、農政課などがあります。

正面中央の塔屋内部には、明治二三年（一八九〇）の明治天皇行幸の際の御座所となった前庁舎の正庁を移築保存しています。地階は非常の場合の防護室として使用するもので、平素は倉庫に利用されていました。

本館正面玄関
一見すると冷ややかな構成だが、扉まわりのデザインは繊細。

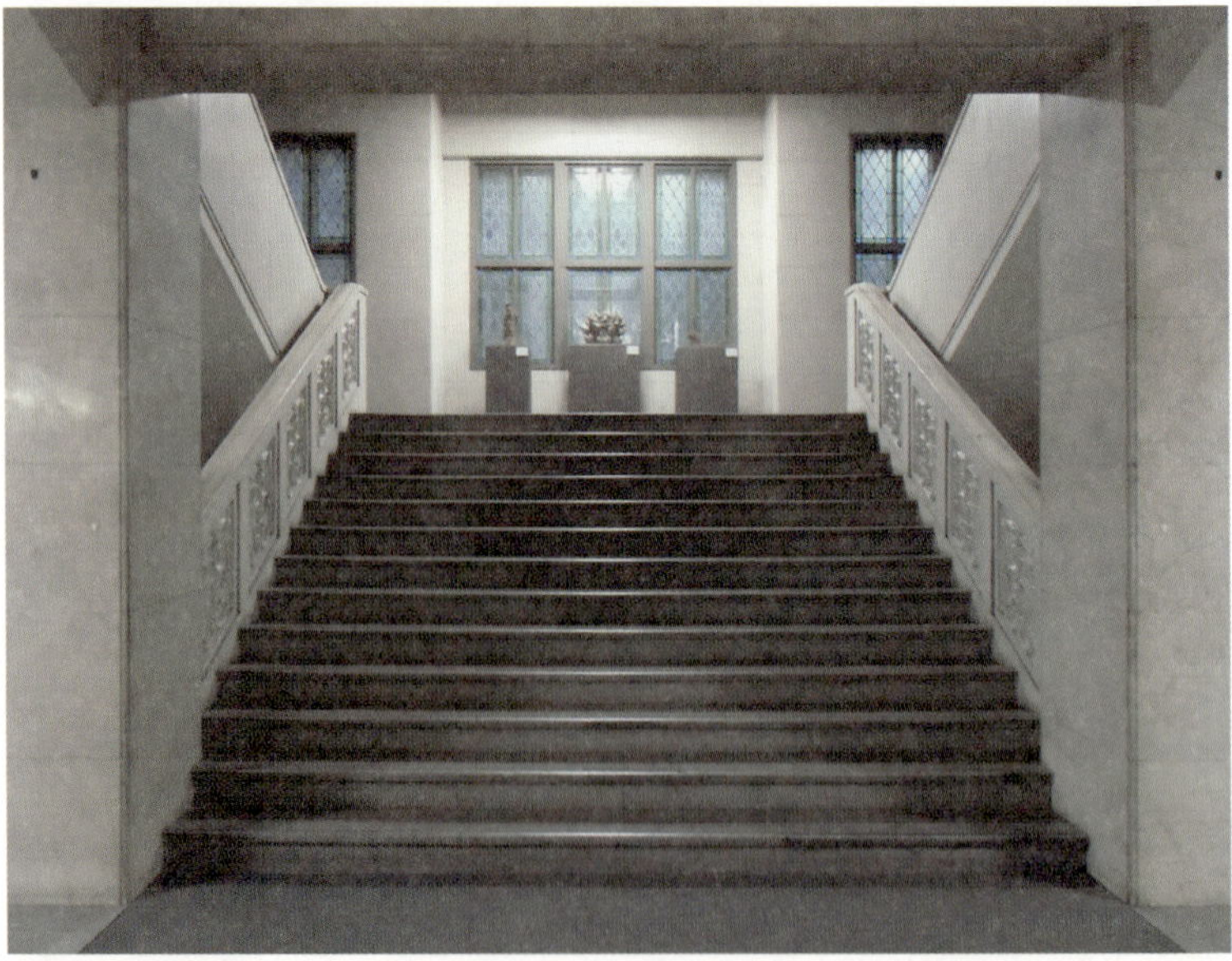

本館正面中央階段
戦前の庁舎の玄関ホールは暗いものが多いが、本県の場合、奥の窓が南面するので、採光は十分である。

本館正面中央玄関ホール
大理石の色合いと林立する柱の力強さを生かしたデザイン。あえて装飾は控えられているが、天井の縁に沿って微細な繰り型がめぐらされているのが隠し味的に効いている。

本館正面中央階段と手摺
手摺りの腰パネルに信楽焼のテラコッタ。

なお、一階に防空係室、二階は特高課、近江神宮奉賛会、三階に大政翼賛会支部事務局など、時代を反映した部屋が設けられていました。

西翼部の議事堂は、一階に車寄せを突出させ、玄関を開きます。これとは別に南側に傍聴人用の玄関を設けています。この階には受付のほか、第一応接室・健康保険相談所などを置きます。二階は議長室、副議長室、議員控室、県会評議団書記室、第二応接室、三階は県会議場と第一・第二委員会室。四階は傍聴席、第三・第四委員会室などがあります。

室内の意匠

室内の意匠については、意外なほど繊細な意匠をこらしていて、重厚な外観と著しい対比を見せています。府県庁舎のインテリアというと厳格で威圧的なものが想像されますが、ここでは装飾を楽しんでいる印象があり、来訪者をくつろがせます。

本館の各部屋はすべて天井を張らず、構造体である梁を見せて、明快な秩序感をただよわせています。知事室や貴賓室においても梁を天井で隠してはいません。一方で、玄関、知事室、貴賓室、正庁などには、溝掘りを持つピラスターや天井周りの薄い浮彫りなど密度の高い古典主義の装飾を随所に施し、さらに正面玄関ホールの大理石、正面階段の信楽焼のテラコッタや、ステンドグラスなどによって豪華さを演出しています。玄関や主要な室は、密度の高い装飾をちりばめて格式を高め、一般事務室や廊下などでは居住性や利便性を重視するというメリハリがはっきりしています。全体として見ると、採光や動線に深く配慮した合理的な姿勢が貫かれています。

室内意匠の設計は、本県庁舎の場合は、國枝博によるところも大きいと思われますが、栃木県庁舎と相通ずる造形が非常に多く、佐藤功一の意図も十分盛り込まれていると思われます。特に、華奢《きゃしゃ》なまでに繊麗《せんれい》なピラスターや天井彫刻は、一八世紀イギリスの新古典主義の建築家ロバート・アダムの手法をモダン・デザイン的に変形したもので、佐藤の真骨頂といえます。

この手法での意匠が最も充実している知事室・知事別室が良い状態で保存されていることは、当県庁舎の価値をひときわ高めるものです。一方で玄関と中央階段は大理石を駆使した力感に富む空間となっています。広いガラス面から光が降り注ぐ効果も大きなものがあります。ここのデザインは栃木県庁舎とははっきり異なっており、あるいは國枝博が主導したのかもしれません。

それでは部屋ごとにデザインの特徴と使われている材料を細かく見てみましょう。

玄関・ホール・階段

まず正面玄関に入ります。床は御影石で、目地の交点に色御影石による菱形の模様を散りばめてアクセントとしています。壁は人造石、天井は漆喰塗りとします。正面玄関、議事堂玄関とも壁の最上部をめぐる帯状のフリーズ層にパルメット文様の装飾が施され、天井の格縁部分は薄い浮き彫りが施されています。

正面玄関、議事堂玄関とも玄関とホールの境に円形の溝彫りをした柱を立てています。議会玄関は、正面、受付ともエンタブレチュアの部分の中央にアクロテリオンを載せています。

玄関ホールの床はテラゾー（人造大理石）貼り、一階部分の柱や壁は大理石で、二階以上はテラゾー貼りとしています。天井は梁と梁の間一間の大きな格天井で、コルク吹付ペンキ塗り、格縁は正面一階が三本の縦線の浮き彫りを配しています。これは古代ギリシャ建築のフリーズに刻まれるトリグリフという文様をかたどったものです。二階から三階の天井格縁は一本となっています。ホールには階段の脇にエレベーターが設置されています。議事堂玄関から廊下への入り口の中央には円弧を組み合わせて羅針盤を連想させるような十字形の模様を描いています。

正面中央階段は床、腰、壁ともにテラゾー（人造大理石）ブロック貼りで、階段手摺りの腰壁にはアカンサスを浮き彫りにしたテラコッタのパネルがはめこまれています。このテラコッタは、県立信楽窯業試験場で作製したものです。石材に代わり伝統産業である信楽焼の装飾性豊かな陶器レリーフが採用されました。陶器ならではのしなやかな曲線によって、伸び広がるアカンサスの生命力をよく表した魅力的なデザイ

議事堂玄関奥の床面に描かれた十字形の装飾

正面玄関土間の御影石のアクセント

正面玄関のフリーズのパルメット文様

議事堂玄関のフリーズのパルメットと
ロータスの浮き彫り

本館正面中央階段の
手摺りのテラコッタ
のレリーフ

本館正面中央玄関ホールの天井格縁に
はトリグリフを型取った３本の縦線の
浮彫り文様

本館正面中央階段踊り場のステンドグラス

議事堂側面玄関のホール天井下をめぐる
コーニスのラムズ・タン文様

手前が知事室（現在知事応接室）、奥が知事別室（現在知事執務室）

知事室のシャンデリアと天井梁
シャンデリアは新しいものだが、繊細な天井飾りは当初のままである。天井を張らず、構造体の梁をそのまま現わしている。

ンです。佐藤功一は陶芸を好んだといわれ、その趣味も大いに発揮されたものと思われます。各階の踊り場の窓はステンドグラスが入れられ、石張りのいくぶん冷たい感じがする踊り場にステンドグラスからの自然光が注ぐことで、大勢の人が集う本館正面にふさわしい華やかさが生まれています。

知事室および知事別室

当初知事室と呼ばれた部屋は現在知事応接室として使用されています。当時の写真では、知事別室を背に知事の机が据えられ、その前に応接用の机、椅子が置かれていました。現在机はなく一室の応接室として使用されています。

床は、寄木貼りの板床で現在は絨毯が敷かれています。壁は腰高の羽目板で楢《なら》材が用いられています。板壁と小壁との境の廻り縁は木製の歯型飾りが彫刻されています。小壁及び天井は白漆喰塗りで仕上げられています。

知事室と知事別室との境は溝掘りを施したコリント式の柱型を立て、柱頭にはアカンサスの間にパルメットが刻まれています。天井は小梁が入り、梁の入隅にはデンティル・コーニスが施されています。シャンデリアが取り付く天井面には、石膏を盛り上げて円形の装飾が施されています。束ねられたヨシをモチーフとする輪飾りのほか、外観の装飾で用いられているアンテミオンやパルメットをデザインに取り入れています。本庁舎の石膏彫刻の精度と堅牢さはすばらしく、左官職人の高い技能がうかがえます。なお、こうしたアダム・スタイルの室内意匠は先に佐藤功一が設計した栃木県庁舎と共通するものです。

当初知事別室と呼ばれた部屋は、現在は知事執務室として使用されています。床は寄木貼りで、壁面は、腰壁を楢材、上部を壁クロス貼りとしています。小壁及び天井は白漆喰塗りのうえ水性ペンキ塗り仕上げとしています。天井の縁にあたるコーニスにはパルメットとロータスが浮き彫りされています。シャンデリアの取り付き部分には、知事室と同様のパルメット文様の装飾が施されています。なお、両室ともクロス貼りは貼り替えられていますが、現在の知事執務室廊下側にある当初の知事応接室に当時のものが残っています。

知事室ロビーと応接室

現在、知事室には秘書課にいったん入り、当初平面図で別室と記された応接セットが置かれているところで待ち、そこから知事応接室にさらに奥の知事執務室に入るという方法をとっていますが、平面図の部屋名称からも明らかなように、当初は廊下からロビーに入り右側の知事応接室に向かうようになっていたのではないかと思われます。このことは、ロビーと知事応接室の境の敷居が随分すり減っていることからもわかります。

貴賓室

現在は会議室として使用されています。入り口の扉は鉄製のものに取り換えられていますが、アカンサス文様の装飾レリーフは当初の木製のものが再使用されています。壁面のクロスが張り替えられているほかは、ほぼ当時の原型をとどめています。貴賓室の入り口は中央部分が廊下に少し突きでて、前室となっています。床は絨毯が敷かれていますが寄木貼りです。内部の壁面には檜《ひのき》材の柱型装飾が施され、腰壁は檜材で、それより上は壁クロス貼りです。天井は漆喰塗りで、梁の上部には歯型飾りを施しています。シャンデリアの取り付き部分には楕円形の内側はパルメットとヒアカンサスの文様、外側はビード（玉縁）装飾が施されています。西面中央に設けられた暗緑色の大理石貼りの飾り暖炉とその上部の鏡、そこに施された装飾がこの室の意匠においてアクセントとなっています。鏡は、月桂樹の葉を連ねたモチーフの円形の額縁で飾られ、上部は花綱装飾で縁どられています。なお、貴賓室には当時の面影を残す観音開きの衝立が二基残っています。また、当初のシャンデリアも別途保存されています。

事務室

事務室の窓はすべて当初の鉄製のものからアルミサッシに変更されていますが、天井、床、入り口扉、廊下境の窓などよく当初の状態を保持しています。床

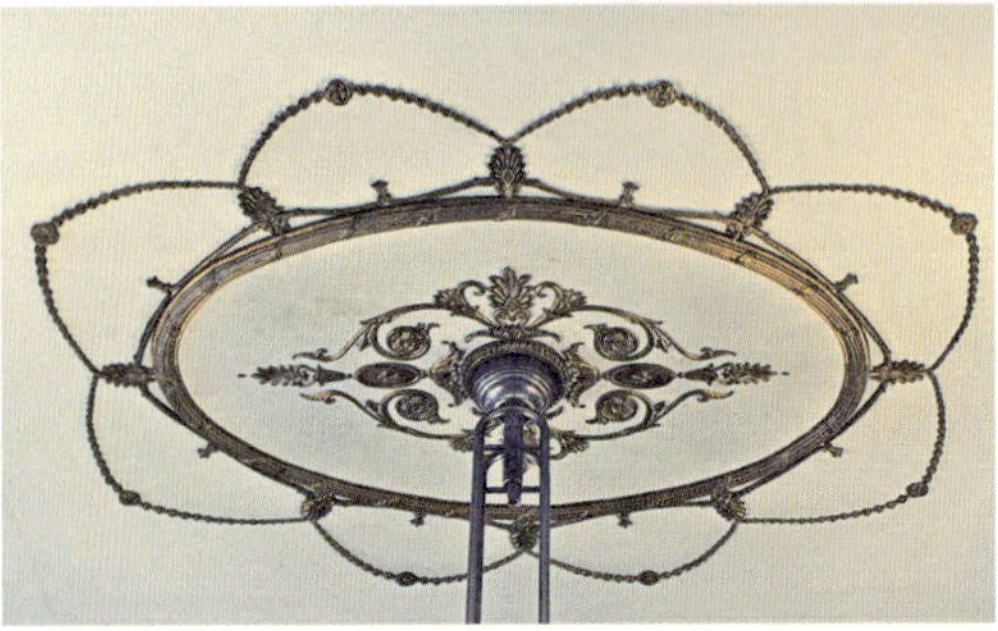

貴賓室シャンデリア
取り付け部分はパルメットとアカンサス文様、
外側はビード装飾が施されている。

貴賓室の溝彫りの柱型

正庁木製扉内側

貴賓室暖炉

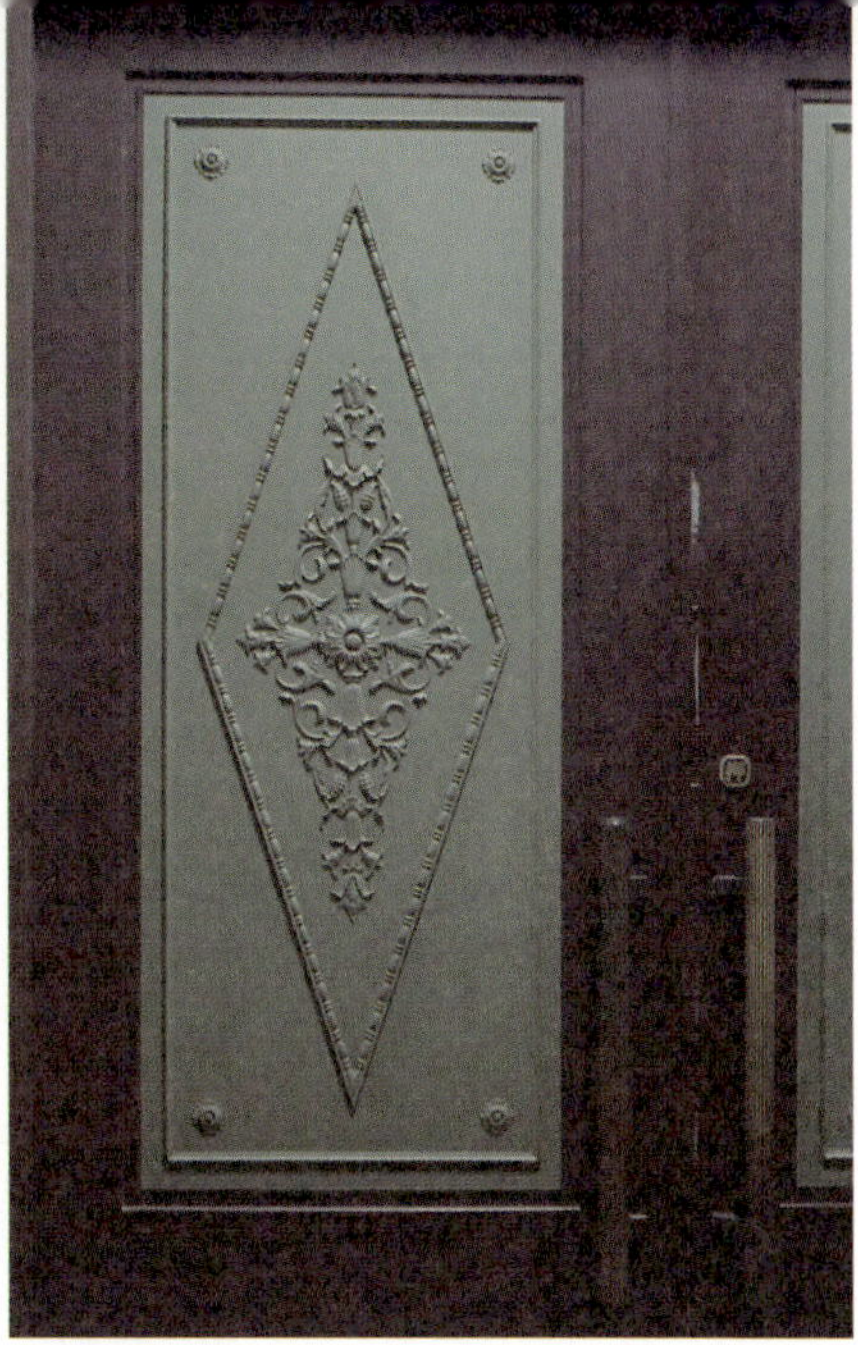
貴賓室扉外側

記念室正面扉内側
コリント式の柱頭をもつ柱、繰型を施すエンタブレチュア、その上に菊花紋のアクロテリオンをのせている

記念室出入口の内側

はリノリウム敷き、壁・天井ともプラスター塗仕上げとなっています。天井板は張らず、梁間方向にかかる大梁に二本の小梁がかかる構造をそのまま見せています。このため天井が高く、のびのびとした印象を与えます。壁、天井は白く塗られ、窓は大きな縦長の上げ下げ窓で、広い中庭から採光、通風も十分にとることができ、執務環境としては問題のない明るい環境に作られています。なお、主要な室の床は茶とベージュの市松模様で、梁と天井の入り隅に文様が施されています。

廊下

廊下についても、床、腰回りともよく当初の状態が保持されています。廊下の幅は一階で二・四m。床は一階は七・五センチ角のタイル貼り、二階以上は人造石貼りです。腰壁は、三センチ角の小さなベージュ色のタイルが貼られ、一番上のタイルは茶褐色のタイルです。それより上は白漆喰塗り仕上げの白色ですので、清潔感あふれる雰囲気のなか、茶のタイルの水平ラインが廊下の雰囲気を引き締めています。現在、廊下の天井は空調の配管で低くなっていますが随所に当初の天井が見え、十分高さに余裕のある廊下であったことがわかります。

正庁

正庁とはセレモニー等を行うためのいわば講堂のような大きな部屋です。現在は畜産課・農政課が事務室として使用しています。部屋には間仕切りが設けられ、空調設備等のために天井が下げられているなど改変が見受けられますが、オーダー形式の柱型の装飾や、天井廻りの蛇腹は一部見ることができます。床面には当時のゴムタイルが部分的に残っており、黒地の上に、赤と青の菱形模様が散りばめてあったことがわかります。入り口の木製の扉と装飾レリーフも当初のままです。『滋賀県庁舎改築記念誌』の図面や写真から、東側の壁面中央に御真影の掲拝所が設けられ、天井廻りには蛇腹、天井中央にシャンデリアが取り付けられ、取り付き部分には装飾が施されていたことがわかります。

正庁

記念室（聖蹟）

明治天皇が、明治二三年四月に琵琶湖疏水の開通式の際に来県された時の「御座所」、また大正天皇が皇太子時代の明治四三年に行啓された時にも使用された旧庁舎の正庁が、現在本館五階の塔屋に移築保存されています。昭和一四年の改築の際に記念室として保存されたものです。現在、会議室に改修され、正面の入り口扉が鉄製のものに取り換えられていますが、内部の扉や窓廻りに当初の構えがよく残っています。やや省略されたコリント式の柱頭を持つ柱を立て、繰り型を施すエンタブレチュア、その上に菊花紋のアクロテリオンが載っています。柱の両脇にパネル板を入れ、さらにコリント式の柱を立てています。部屋の両側面の廊下側にも正面入り口同様の構えを設けています。周囲の窓もよく残っています。なお、玉座や調度品等は今はなく、御座所としての雰囲気はとどめていません。

会議室に改修された際、耐震補強材や仕切りが入れられ、床もピータイルに替えられ、壁はクロスが張り替えられています。当初の写真から周囲の持送りには

県会議場　　議場は半円形に配列し、中２階は馬蹄形の傍聴席が設けられている。

県会議場の家具調度は当初のままである。

県会議場　　議員席の半円形配置は当初の形式をそのまま踏襲する。

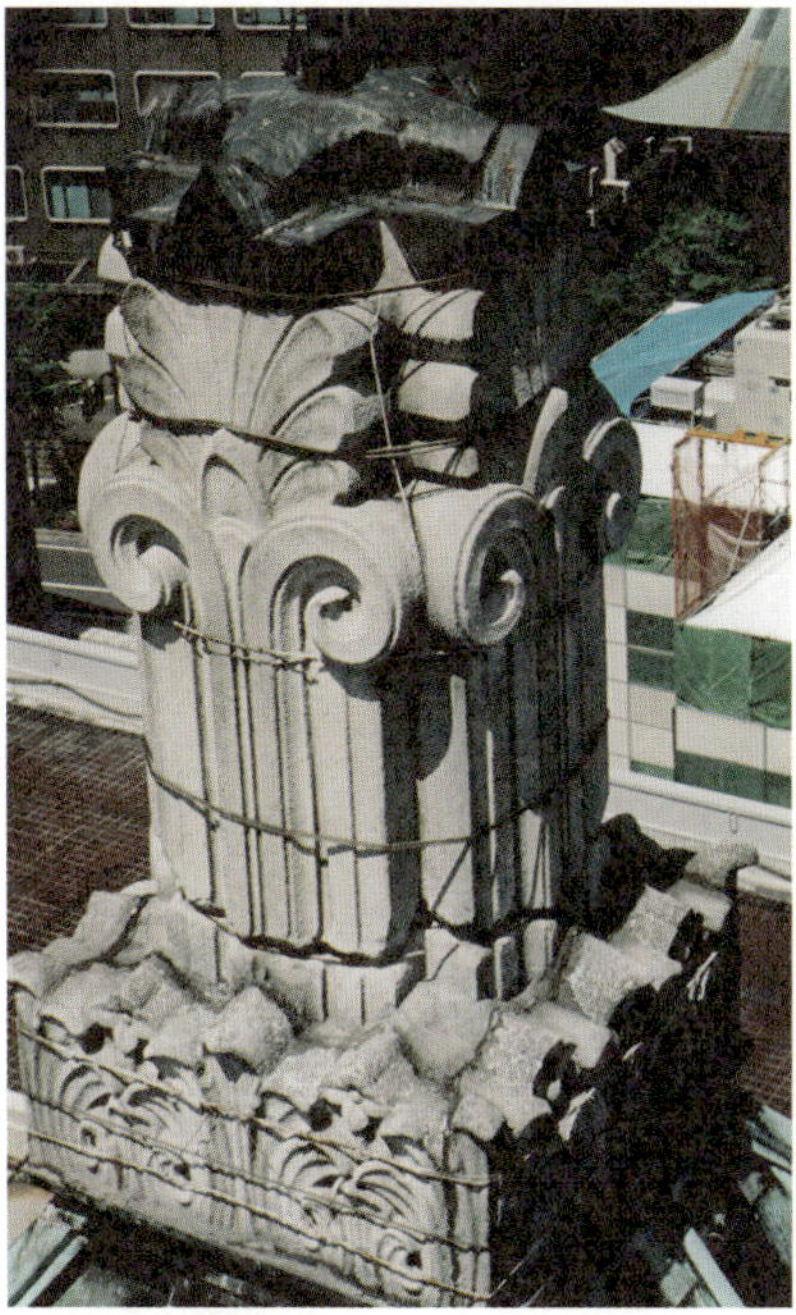

塔屋の頂部尖塔
パルメットを基調としている。

本館正面中央の塔屋
パラペットの角にはアクロテリオンが配されている。

塔屋頂部の小屋裏

アカンサス文様の彫刻が施されており、中心飾りには丸型のアカンサス文様の彫刻付のシャンデリアが取り付けられていたことがわかります。

なお、御座所の周囲の壁の外側にさらに上の塔屋に上がる木製の階段があり、さらにその外側が現在外部から見える塔屋の外壁となっています。

ちなみに、記念室の保存と対応して、本館玄関脇に「明治天皇聖蹟」なる石標（高さ台石を除き一・五m）が建てられています。

県会議場

現在も県議会議場として使用しています。正面に演壇や議長席、知事席などを設け、議場を半円形に配列し、中二階には馬蹄形の傍聴席を設けています。床はゴムタイル貼り、周壁はテックス（吸音性の新建材）張りとし、演壇背面の壁面は、チークベニヤ板で、溝掘りのある柱型を設け、中央に木製の装飾をのせ、その上部を漆喰塗りの壁面とし菱形を連続させた装飾を施しています。壁が天井と接する部分はエンタブレチュア形式につくられ、最上部はコーニスとして蛇腹が刻まれ、その下はフリーズ層として円花装飾とパルメットを交互に配した装飾を廻しています。天井中央に取付けられた円形の照明や天井換気孔にも装飾が施されています。この議場は、本館の全体の完成を見る前、上棟式・定礎式の時点で完成しており、昭和一三年の秋の県議会で一足早く使用されています。

庁舎の建築後の改修

建築後、滋賀県においても昭和二〇年六月からはたびたび空襲を受けたため、県庁も屋上、外壁にペンキ等で草色に迷彩を施されました。幸いにも被害は受けませんでしたが、戦後、この塗装の除去に相当工事費を要したといわれています。

その後、行政機能の拡大や職員の増加にあわせて、昭和三三年に背面棟の西端部に、昭和五五年に正面東翼部の背面側に事務室が増築されました。この時は、外観の意匠は当初部分と同様とし、違和感なく調和したものとなっています。中庭にも空調や給湯設備のための増築が行われています。平成九年には耐震改修工事が行われ、部分的に壁にコンクリートを打設し耐震壁を設けています。平成一〇年には全体に老朽化していた外壁のタイルが全面張り替えられました。当初のスクラッチタイルはすべて取り替えられましたが、新しいタイルは旧状にならって作製したものを使用しています。内部における改変は、一部の部屋や廊下において、空調の配管や電子機器等の配管のために天井の下にこれらを通し、この下に新たに天井を設けたことです。また、窓ガラスは大きさを変えずに、すべて当初の鉄製のものからアルミサッシに取り替えられています。

このように、本館の改修にあたっては、当初の状態を大きく変えることなく維持管理するという基本方針のもと、建築や設備の担当者が苦心して修理にあたってきたことがよくわかります。なお、行政機構の拡充に対応するために昭和四九年、本館の背面南側に七階建ての新館が建設されましたが、外観は全面ベージュ色のタイル貼りで、本館よりも控え目な意匠となっています。増築建築にも多大な配慮がなされているのです。

なお、この時の工事も奇しくも大林組の施工によるものでした。

近代庁舎の総決算

ここまで見てきたことからもわかるように、本県庁舎は、格式を備えつつも威圧的でなく、古典古代からの遺産を受け継ぎながら現代的な機能にも対応している傑作です。庁舎建築に経験豊富な二人の建築家が、それまでの成果を継承し、問題点を克服した近代の総決算ということができるのです。施工にあたって発揮された技術、特に細部装飾の制作手腕は今日では容易に再現できるものではありません。

竣工後、時代は大きく動き、県政のあり方も変わっていきますが、外観に著しい影響を及ぼすような改変を避け、また、室内においても、主要室では文化財的価値に配慮した改修を進めてきました。こうした努力の積み重ねによって、当初の姿をよくとどめています。このこともまた、本県庁舎の価値を一層高めるものです。

滋賀県庁利用・見学について

○開庁時間

平日　８時30分～ 17時15分
（土・日・祭日、12月29日～１月３日は閉庁）

○利用できる施設

●県民サロン（本館１階）、新館サロン（新館２階）
待ち合わせ、休憩等に利用できます。新館サロンには喫茶コーナーがあります。

●県民情報室（新館２階 ９時～ 17時）
県政に関係する行政資料、統計資料などの情報が揃っています。

●県政史料室（新館３階 ９時～ 17時）
県が所蔵する明治期から戦前までの公文書（歴史的文書）の閲覧・相談などを受け付けています。

●しが生涯学習スクエア（新館２階　新館サロン内（９時～ 17時）
生涯学習に関する相談を受け付けています。

○県庁見学

県庁の見学を希望される場合は、以下にお問い合わせください。

○お問い合わせ先

滋賀県広報課県民の声担当
電話 077-528-3046　FAX 077-528-4804
ホームページ：http://www.pref.shiga.lg.jp/a/koho/kengaku.html

（滋賀県提供　2014年10月現在）

本館改築記念写真

以下の改築記念写真は、株式会社大林組の提供によるものです。なお、冒頭の「正面全景」のみ戦後の撮影によるもので、それ以外は竣工時の撮影です。

最高裁判所裁判官国民審査

正面全景

正面中央外観

知事室

玄関

貴賓室

参事会室

議事堂議場

議事堂議場

部長室

会議室

一般事務室

食堂

廊下

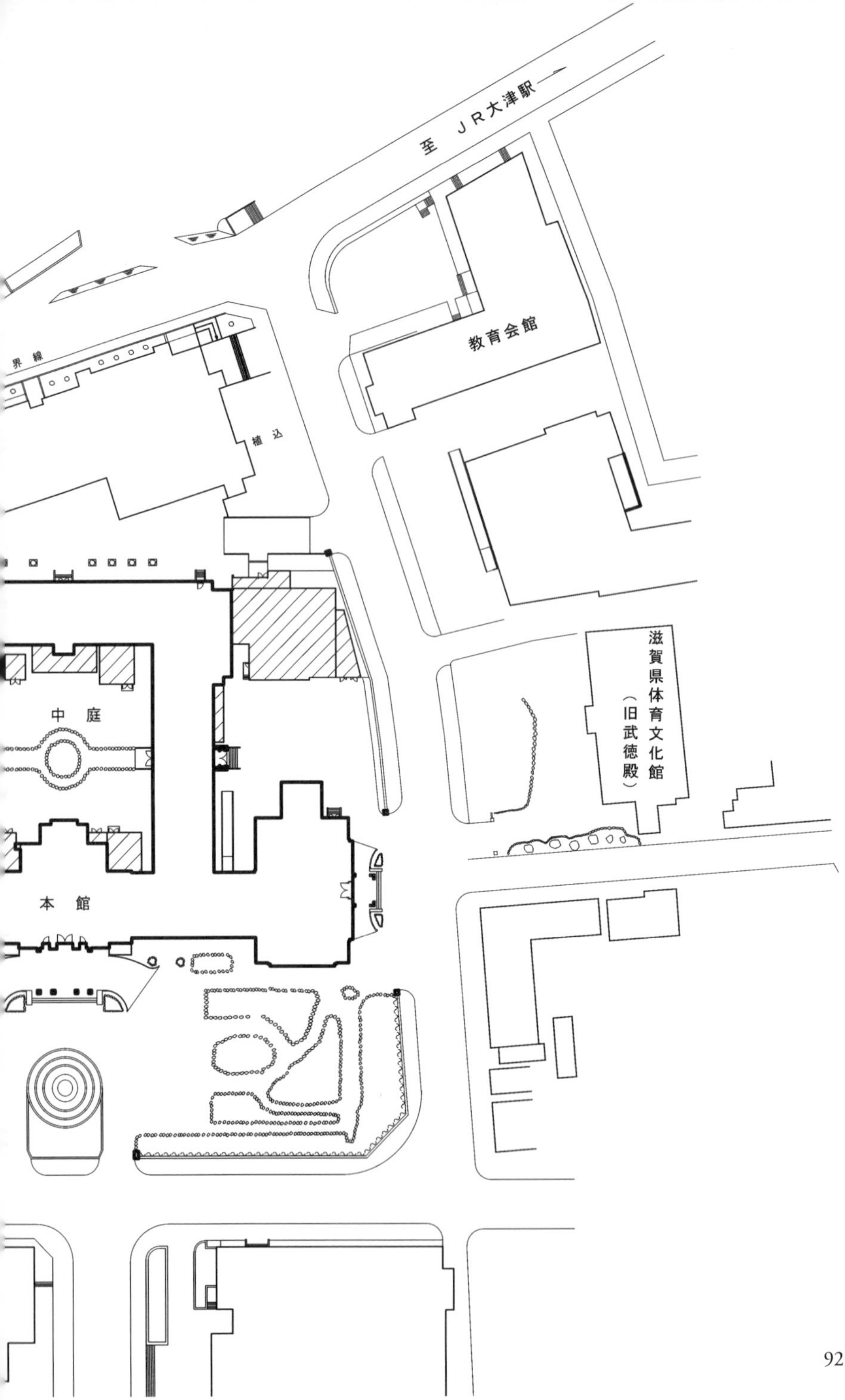
至　ＪＲ大津駅
界線
植込
教育会館
滋賀県体育文化館（旧武徳殿）
中庭
本館

県庁配置図

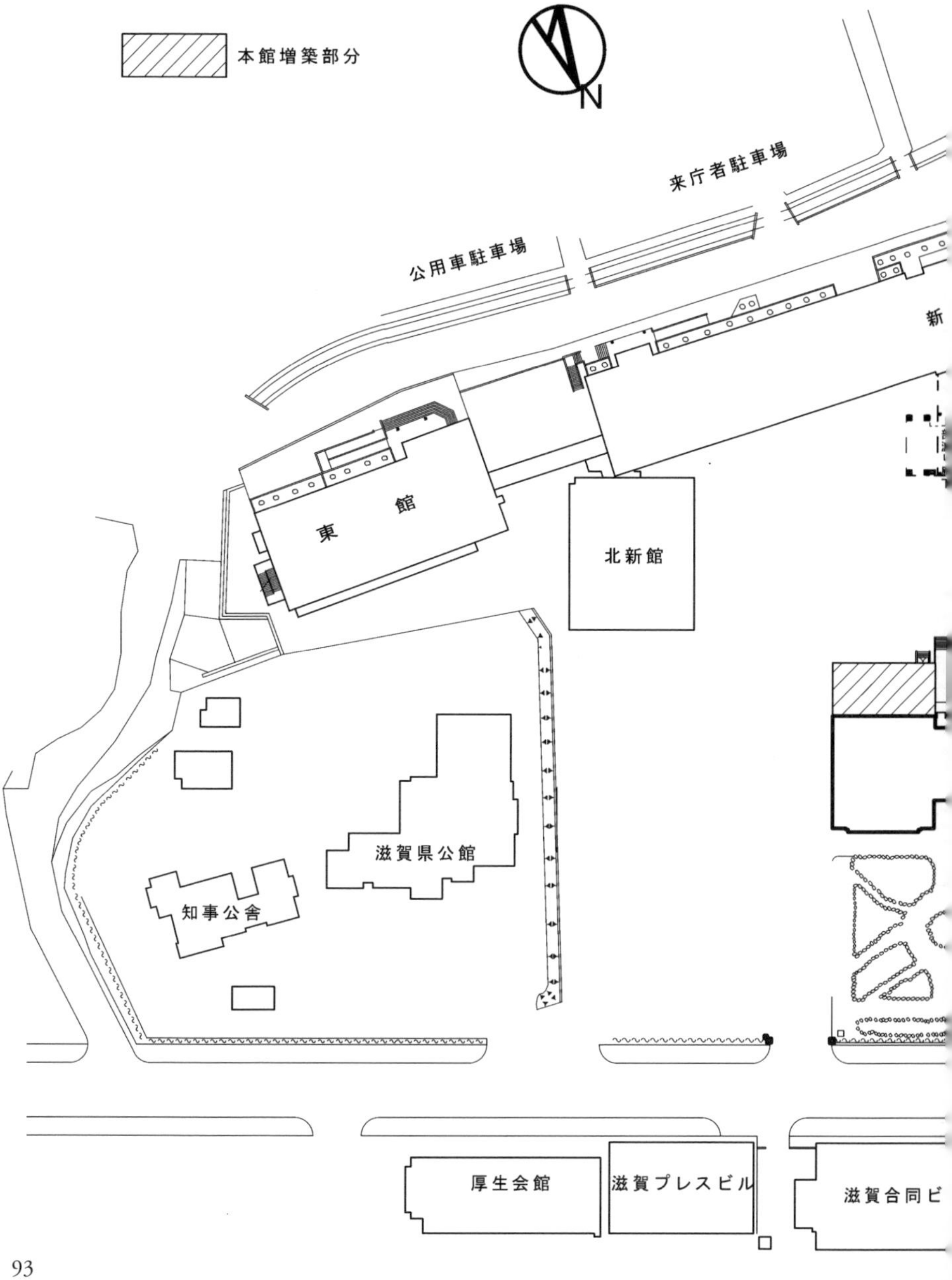
本館増築部分
N
来庁者駐車場
公用車駐車場
新
東館
北新館
滋賀県公館
知事公舎
厚生会館
滋賀プレスビル
滋賀合同ビ

県庁周辺の近代建築

滋賀県体育文化館（旧武徳殿）

この建築は、大日本武徳会滋賀県支部の武道場である武徳殿として昭和一二年（一九三七）に建設された。大日本武徳会は、日本古来の武道の普及をめざして明治二八年（一八九五）に設立された団体である。

武徳会は活動の本拠として明治三二年に京都市内の平安神宮境内に武徳殿を建てる。その建築は、外観は日本の古建築の形態にもとづきながらも、内部は西洋的なトラス構造によって室内に柱の立たない広々とした演武場となっていた。こののち、武徳会は全国各地に支部を設けるが、それぞれにこうした和魂洋才的な武徳殿を設置していく。

滋賀支部は明治三四年（一九〇一）三月のことで、当初は県庁舎の南側に立地した。今日見る武徳殿は、木造による初代に次ぐ二代目である。建設後には、年間八万人の利用者を数えた。

構造体は鉄筋コンクリートであるが、小屋組は鉄骨トラスで、屋根下地は木造とする。一見すると平屋建てのような印象だが、内部は二階建てである。一階は事務室や更衣室などの小部屋が並び、二階は柔剣道場の広大な無柱空間とする。その一角に映写室が置かれたのは、道場以外の使い方も想定していたことを伺わせて面白い。

このように内部は現代的なスポーツ施設の構成だが、外観は完全な和風デザインで、屋根の造形は特に入念に考えられている。銅板で葺いた入母屋造の大屋根を戴き、そこに棟に直交する千鳥破風《ちどりはふ》をアクセントとして配し、さらに唐破風《からはふ》を載せた車寄せを突出させる。軒裏には木製の

住　　所	大津市京町3－6－23
所 有 者	滋賀県
構造・材料	鉄筋コンクリート造2階建、入母屋造、千鳥破風付、小屋組鉄骨、銅板葺き、車寄せ、唐破風造
設計・施工	設計：三井道男　施工：清水組
竣工年月日	昭和12年(1937)(「武徳殿改築概要」)

垂木を並べ、さらに柱上には出組《でぐみ》の組物(屋根や縁など空中に跳ね出す部分を支える腕木などの組み合わせ)をモルタルでかたどり、また道場外周の縁も同じくモルタルの二手《ふたて》先《さき》の組物《くみもの》で支えられる。こうした巧みな細部造形によって、現代の建築技術によることを感じさせない。

太平洋戦争後は進駐軍によって武徳会は解散させられ、武道自体も禁止されたため、当建築は県産品・文化財の展示場に充てられた。昭和三一年(一九五六)にふたたび武道場として用いることになり、滋賀県体育文化館と改称した。

設計者の三井《みい》道男は岡田信一郎事務所の所員として東京の歌舞伎座の現場監理を担当した人物であり、岡田が歌舞伎座や琵琶湖ホテルで追求した鉄筋コンクリート構造による和風という課題について、さらに一歩を進めたものといえる。

県庁周辺の近代建築

大津市旧大津公会堂

大津市は、昭和三年以降、天皇即位大典記念事業として市立図書館の建設を企画し、資金を積み立てていた。昭和七年になって、大津市は滋賀村との合併を契機として市会に公会堂建設を提案する。その計画は、公会堂と図書館を併置し、さらに大津商工会議所に一階を貸与するというものであった。

大津市公会堂の建設工事は昭和八年（一九三三）五月に起工し、翌昭和九年四月にはほぼ完成して、同月二五日には東伏見宮保子妃を迎え、翌五月二八日に竣工祝賀会を挙行するに至った。

竣工時の規模は、鉄筋コンクリート造地上三階地下一階、延べ四九一坪。東西に長い長方形平面で、東側に車寄せを突き出して正面玄関を開き、西側にも小振りな車寄せを置き、出入口を開いている。地階は食堂・厨房、宿直室などが置かれた。一階は大津商工会議所が用い、商品陳列所などの諸室が置かれた。二階は西側に商工会議所の会議室を置くほかは、市立図書館に充てられる予定であったが、これは結果的には実現しなかった。三階が大津市公会堂となり、約六〇〇名収容の広間を設け、西側に舞台・控室を構えた。

工費は、当初予算は約六万九〇〇〇円であったが、最終的には約八万四〇〇〇円を要したとされる。外壁は、縦引きのスクラッチタイルを張り、要所にモルタル塗りの装飾を配する。左右対称で、半円アーチあるいは縦長長方形の窓を開くところは様式的だが、スクラッチタイルや直線的な装飾のデザインはフランク・ロイド・ライトの影響が強く表れている。室内の意匠も同様に、様式的

な要素と、ライト調の装飾、あるいはアール・デコ的な幾何学形態の細部装飾とが折衷されている。

設計は大津市土木課、施工は地場の澤村組である。

太平洋戦争後の昭和二一年（一九四六）六月、ＧＨＱの意向もあって大津公民館に転用し、さらに県立図書館を移設した（昭和二九年に転出）。戦後、「公民館」の設置が進められるが、当館が全国で最初という。以後、中央学区市民センターなどを経て、昭和六〇年からは大津市社会教育会館として使用されてきた。平成二二年（二〇一〇）に全面的に改修されて、商業・交流施設として再生している。エレベーターの設置や三階舞台位置を移動させるなどの変更もあるが、細部の意匠や照明器具などは当初の姿をよく残しており、特に玄関ホールから階段室まわり、三階大ホールといった意匠的密度の高い部分は復原的に改修されている。

歴史様式的な骨格のなかに、ライト風、あるいはアール・デコといった新しい造形言語をちりばめる手法は一九三〇年代には世界的に見られた。日本にも類例は多いが、それらと比較して、当建築は、歴史様式がもたらす格調と新造形の清新さとがよく調和している。時代の潮流を的確に咀嚼して、時代の水準を超えた秀作である。

住　　所	大津市浜大津1－4－1
所 有 者	大津市
構造・材料	鉄筋コンクリート造３階建、陸屋根、車寄せ、陸屋根
設計・施工	設計：大津市土木課、施工：澤村組
竣工年月日	昭和９年（1934）５月（「新修大津市史」）

国登録有形文化財（平成23年１月26日）

県庁周辺の近代建築

びわ湖大津館（旧琵琶湖ホテル）

景勝の地でありながら、滋賀県は本格的なホテルを持たなかった。昭和三年（一九二八）、京都で天皇の即位大礼の式典が行われた。これにあわせて琵琶湖畔に国際ホテル建設の機運が盛り上がった。昭和の即位大礼の式典にあわせて設置しようという構想である。これは残念ながら時間切れで間に合わなかった。ところが昭和五年（一九三〇）、鉄道省に国際観光局が新設され、外国人観光客の誘致を専門に担当することとなった。その最大の施策が、国際観光ホテルの建設である。自治体に対して、資金を低利で融資することで、日本各地に良質のホテルの建設を進めようとするものであった。

滋賀県当局は、大津市柳が崎に敷地を定めてこの事業に応募、昭和七年に審査に合格して四〇万円の融資が決定する。

設計者には東京美術学校（現・東京芸術大学）教授・岡田信一郎の主宰する事務所が選ばれた。岡田は大阪市中央公会堂の設計競技に優勝するなど、若くして頭角を現し、特に歴史的な様式を扱うまさは天才と謳われた。この建築の場合は歌舞伎座など日本的意匠の表現における実績が評価されたのだろう。ただ、病弱だった彼は依頼を受けてまもなく世を去り、実際の設計は弟の捷五郎《しょうごろう》が担当した。昭和九年（一九三四）一月に起工し、同年一〇月に完成する。鉄筋コンクリート構造三階建て、延べ四〇〇〇㎡という大規模建造物であり、総工費は四六万五五〇〇円であった。

一階はほぼ正方形平面で、南に琵琶湖を望み、北側に正面玄関、東側に貴賓玄関を開く。中央にロビー、宴会場等を設けた。二、三階はコ字型の平面で、客室を配した。小屋組

（屋根の構造）は木造で、棟の高さが東西方向と南北方向とでずれるため、よく見ると東西行きの棟が腰折屋根（屋根の勾配が下部は急で、途中から緩やかになる形式）となっている。

車寄せには唐破風《からはふ》を配し、要所に繊細な彫刻をほどこしたいわゆる「桃山様式」を展開している。軒周りの組物・垂木の造形も丹念を究める。高欄の朱色も効果的である。政府主導による一五件の国際観光ホテルのなかでもひときわ華麗なデザインが実現し、以後、長く琵琶湖を象徴する建築となっていく。あらためて眺めると、規模の巨大さや建ちの高いプロポーションは日本の伝統的形態とほど遠い。しかし、そこに和風の意匠をまとわせて違和感を覚えさせないのは、ひとえに設計者の手腕であろう。

新琵琶湖ホテル完成に伴い、一九九八年（平成一〇）に閉鎖されて存続が危ぶまれたが、大津市の手によってびわ湖大津館として再生された。名作がそれにふさわしく処遇されているのは、実に喜ばしい。

住　所	大津市柳が崎5－35
所有者	大津市
構造・材料	鉄筋コンクリート造3階建
設計・施工	設計：岡田捷五郎 施工：清水組
竣工年月日	昭和9年(1934)

大津市指定文化財（平成12年9月18日）

あとがき

わたくしが歴史的建造物として滋賀県庁舎の名前を記憶にとどめたのは三十年ほど前のことです。どこが心に残ったかというと、「戦前期最後の県庁」という点にありました。図書館で古い雑誌を眺めていると、昭和一四、五年あたりから建築ジャーナリズムに紹介される作品が急速に少なくなり、掲載されているものも貧寒としてくることがわかってきます。そうした知識を持った上で、滋賀県庁舎を見ると、これほどの「大廈高楼」が次々と生み出されていた社会が一朝にして変わって何も建たなくなる、その時代の破断面の大きさを実感として認識させられたのです。

そうした歴史的位置については注目していたのですが、建築の内容については、他の昭和戦前期の府県庁舎と際立って区別するところはないように思っていました。平たく言うと、それほど個性的だとは考えていなかったのです。しかし、府県庁舎の歴史についての研究をまとめ、またその過程で、建築家・佐藤功一による一連の県庁舎を実見する機会を得ました。その経験によって、滋賀県庁舎の意匠的な魅力を知るだけでなく、佐藤功一がそれまでの府県庁舎の問題点をよくつかんで、平面計画上の新機軸を打ち出していたことが呑み込めてきました。

そのうちに滋賀県の近代化遺産調査にたずさわることになります。県庁舎本館も当然調査対象でしたので、それまで見ることのできなかった知事室や貴賓室にも立ち入らせてもらうことができました。こうした知見を積み重ねてくると、滋賀県庁舎は、単に順番として戦前期最後というにとどまらないのではないかと考えるようになりました。すなわち、戦前期——少なくとも大正後期以降の府県庁舎が直面していたさまざまな問題に対して、その時点で最善と思われる解決方法を提案した庁舎建築であり、いわば近代日本の府県庁舎の総決算としての地位を占めるものと評価するにいたったのです。

折しも滋賀県庁舎本館が国の登録有形文化財として登録されることになりました。これを契機に、県庁舎の価値を広く一般に伝える書籍の刊行が企画されます。その執筆に参加することになりましたのは、上に述べた評価を開陳できる好機であり、わたくしにとってたいへん嬉しいものでありました。そこにおいて、かねてよりその深い識見と篤実な人柄に信頼を寄せている滋賀県教育委員会の池野保さんと協同できたことはなによりもありがたい出来事でありました。加えて滋賀県の関係部局の方々から多方面にわたるご支援を賜り、さらにサンライズ出版様の献身的なご協力をいただくことができました。あわせて深く感謝申し上げたいと存じます。

滋賀県庁舎本館は竣工後の七十五年間、激変する時代の中で変わることなく県民の皆さんから大事にされ、使いこなされてきました。これからの五十年、百年においても、護られ、愛されつづけることを心より願っております。小著がそうした未来をつくる一助となれば、わたくしたちにとってこれほどの幸せはありません。

平成二六年一〇月

石田潤一郎

滋賀県庁舎改築工事日誌

『滋賀県庁改築記念誌』には、資料として「工事日誌」および「県庁舎改築年譜」が掲載されています。ここでは両者をまとめて、建設工事の日々刻々の動きをお伝えしたいと思います。一見すると堅苦しい事務報告に思えますが、その奥から、東奔西走する人々の動きや、この時代の建設技術がまざまざと見えてきます。

昭和11年

12月 5日　改築費予算並びに関係議案を追加議案として県会に提出。

12日　追加議案（改築費）を県会に上程。質疑応答の後7名の特別委員に附託。

14日　特別委員会を開催。

15日　同上。

16日　午後11時より最終特別委員会開かれ修正可決することに決定。

17日　午前2時45分より県会開催、庁舎改築案、委員長報告通り修正可決、確定。

昭和12年

1月 8日　佐藤功一氏、県の招請により現庁舎並びに敷地現況調査のため来庁。

9日　佐藤功一、國枝博両氏に工事設計を依嘱。

19日　前川鬼子男庶務課長等改築中の和歌山県庁を視察。

22日　県参事会*において平敏孝知事から庁舎改築経過および設計概況を説明。

26日　平知事以下関係職員が建物の配置、部屋割り等を協議。

24日　本日より12間敷地ボーリング（2ヵ所）を施工。

2月 15日　佐藤、國枝2氏を交え知事、各部長、庶務課長等による庁舎改築協議会を開催。

22日　予算外義務負担（仮庁舎建築年度内に着手）の件および庁舎新館（昭和7年建築の別館）を15,000円にて産業組合総合会に売却することについて県会で可決。

27日　知事、部課長が参集して部屋割を決定。

3月 5日　大津市より庁舎改築費5万円追加寄付の件、市会において可決。

8日　本日付けをもって起債許可稟請書および改築費継続費設定許可申請を提出。

17日　佐藤顧問来県、各部課長の参集を求め基礎案の最後決定。

26日　改築費継続年期および支出方法について、内務大臣より許可される。
寄付者に対し寄付納采を指令。

＊戦前の地方自治制度では、住民から選挙で選ばれた議員によって構成される「県会」とは別に、知事、県庁高等官の代表2名、県会議員から互選された参事会員4名からなる「県参事会」があった。

29 日　仮庁舎設計完了。

31 日　新庁舎外観図が出来、県参事会員に提示。

4 月 2 日　佐藤功一による立面の確定。

5 日　仮庁舎工事請負、日加木材株式会社が 19,500 円で落札。

7 日　県庁聖蹟調査のため柴沼直文部省宗教局保存課長来県。

12 日　県庁改築費起債、内務大蔵両大臣より許可。

5 月 11 日　鉄材価格騰貴に伴う工費不足額 267,000 円を、次回参事会に附議すべき旨参事会に了解を求む。

22 日　庁舎改築費 260,000 円を追加県参事会において可決。

6 月 12 日　県庁舎惜別報謝祭執行。

13 日　仮庁舎への移転開始。

15 日　仮庁舎に正式移転、執務を開始。

21 日　平知事、内務省に鉄筋使用承認申請のため上京。

25 日　平知事、帰県、県庁舎起工は既定の通りと発言。

7 月 7 日　庁舎裏路改修費 3,000 円県参事会において追加予算議決。

11 日　前川庶務課長改築用鉄材官給のため日本製鉄本社と打合せのため上京。

14 日　前川庶務課長一旦帰庁、同日更に上京、滞京中の平知事と鉄材供給の件に打合せの上即日帰庁、日本製鉄本社と鉄材配給についての協議がまとまる。

15 日　改築本設計完了し、丹波重蔵属*國枝事務所において受領。

26 日　官給鉄材明細書完成。

平知事改築起工を決裁。

28 日　指名請負人 8 名を決定して入札通知を発送。

津田勝五郎商店と鉄材の購入契約を結ぶ。

8 月 6 日　庁舎工事指名入札執行、予定額超過に付き 10 日再入札を決定。

10 日　庁舎工事の再入札を執行するが再び予算超過に付き不成立。

県告示第 481 号を以て県庁舎改築事務所設置規定を公布。

所長事務取扱外 7 名の所員を任命。

9 月 10 日　第 2 次工事請負人の入札執行、予定超過に付き更に再入札執行に決定。

14 日　再入札指名人全部辞退する。大林組に随意契約方交渉。

25 日　大林組随意契約にて本館工事請負に決定（840,000 円）。

*属は戦前の官制で判任文官を指す。なお技術職員の判任官を技手と称した。

26日　大林組と正式契約締結。

10月　1日　庁舎改築工事起工。

請負者大林組から社長代人並係員主任、内藤栞氏のほか、溝口政夫、高木幸男、山本乙次郎、大澤作蔵を現場に派遣。

14日　午前10時30分より県庁舎地鎮祭を執行。

18日　高等官食堂跡に建築中であった改築事務所（2階建60坪）が竣工。「滋賀県庁舎改築事務所」の看板が前川鬼子男所長の筆によって揮毫。

11月　7日　國枝工務所の長谷川常次氏が嘱託として来任。

11日　佐藤事務所の田中慶作氏が同じく来任。

12日　庁舎改築事務所清祓式執行。

平知事、庁舎設計を一部変更し防空地下室を設ける旨発表。

庁舎工事にかかる鉄材使用について商工省鑛山局長より支障なき旨通達を受ける。

15日　國枝顧問技師来場。

16日　通常県会を仮庁舎議事堂に招集。

22日　佐藤事務所木村武一氏来場。

24日　地下防護室増設の件を決定、設計は改築事務所で行うことに決定。

この頃、解体ガラおよび根伐土は膳所中学敷地に毎日トラックで搬出。現建築物は12月半ばには解体終了。

12月　9日　地下防護室の設計ほぼ完了。

旧庁舎解体は同月中旬に完了

12日　工事用エレベーター据え付け。

14日　ミキサー据え付け。

18日　國枝顧問来場、セメントは昭和セメント使用に決定。

22日　ウオセクリーター*の組立を完了。

昭和13年

1月　6日　國枝顧問来場、地下室は正面本館下に設置を決定。

12日　平知事、県会議員等来場視察。

*ウォーター、セメント、コンクリートの略で、昭和初期に開発された生コンの調合機。

17日　國枝顧問来場。

22日　地耐力試験の結果による軟弱地盤については基礎盤を拡大することに決定。

28日　國枝顧問来場。高野忠窯業試験場長来場、信楽タイル試験焼打合。

この頃より大工は基礎、1階床柱型仮枠等拵えに従事し、土工は地下室掘方、議場基礎目潰砂利真棒胴突に従事。

2月 8日　國枝顧問来場。

13日　議場側基礎コンクリート打開始。

14日　下村外吉工手来任。

19日　佐藤事務所木村技師来県、同氏および前川事務所長、佐々木技師、田中嘱託一同信楽窯業試験場に出張、信楽タイル製造状況視察。

22日　國枝顧問来場。

23日　東南側鉄筋検査、一般遣形検査。

この頃より議場壁梁など鉄筋組立。

26日　國枝顧問来場。

28日　木村技師、國枝顧問来場。本日東南側基礎コンクリート打終了。

3月 5日　嘱託小飯塚謙一氏来任、背面西南部基礎コンクリート打終了。

7日　國枝顧問来場、附帯工事設計図に付き前川所長に説明承認を得、直ちに入札に附することに決定。

12日　参事会員、総務部長等と来場。

この頃大工は背面側通り基礎上仮枠組、鉄筋は地下室西基礎、議場暖房ピットの鉄筋組、土工は地下室西エレベーター前、背面東、ボイラーピット掘方に従事。

15日　國枝顧問来場。

27日　東側根伐昼夜交代にて夜業開始。

29日　附帯設備電気は工藤電気。暖房衛生は須賀商会に決定。

31日　二階堂次雄技手来任。

4月18日　正面左側一部地盤軟弱に付き基礎面積拡大に決定。

この頃大工は地下室西部議場1階柱梁、階段廻り、西エレベーター前側通り仮枠入れ、土工は地下室東部、東エレベーターピット根伐、中央部栗石入れ、残業根伐土揚げ、鳶は議場正面入口廻り足代、地下室カート足場等、鉄筋は背面柱建て、議場外壁廻り等に従事。

21日　末次信正内相来県、庁舎改築工事その他視察後仮庁舎において庁員に訓示。

26日　県会議員等参観。

27日　前川事務所長、佐々木尚徳技師、長谷川嘱託、愛知県庁舎、名古屋市庁舎視察のため同県に出張、即日帰庁。

28日　地下室中央部基礎鉄筋検査一部手直し下命、東側ウオセクリーター及ミキサー使用開始。

電気差込位置、標示灯位置等決定。部長以上壁付標示灯を卓上用とすることに変更。

5月11日　佐藤・國枝両顧問は平知事、内藤三郎総務部長と来場。タイル及壁紙の選定。

13日　午前11時神職を招じ鎮物を正面広間中央柱2本間基礎上に安置しコンクリ—ト箱に納め埋め戻し。所員一同午餐。

14日　事務所長その他庶務課員と協議の上、議場関係家具配置をなし各家具製造業者に提出設計させることとした。議場側2階床梁其の他仮枠検査異状なし。

18日　旧正庁位置表示石は地下室正面旧正庁下部に当たる部分に設置することに決定。

23日　事務所長、佐々木技師来所、各壁紙類見本最後決定。

25日　國枝顧問来場。

26日　午後より東側と正面左翼との取合廊下側基礎および暖房暗渠コンクリート打を行い夜業10時に至る。

30日　地下室床、防水コンクリート打は本日で終了。

6月　2日　大平國一工手来任。本日より土工増加しカート車8台稼働。

7日　信楽タイルの件に付、高野窯業試験場長および藤田幸助同場技手来場。

11日　朝6時半土工コンクリート揚リフトと中央部機構との間に挟まれ即死。コンクリート打を中止し事務所長、所員一同弔意を表す。

16日　佐藤事務所木村技師来場。

17日　斎藤昇警察部長および知事等来場、3階議場床まで案内。

この頃正面左翼一階床コンクリート打、鉄筋は議場３階床片付け、正面中央左柱を建設。

22日　平知事、総務部長、参事会員等来場、議場テーブル、椅子の高さ位置等仮設材にて模型組立て寸法決定。

23日　壁紙高島屋より納入。

29日　工藤電気西村氏来所、原田技手立会、変電室廻り関係図、水銀整流器、各配分電盤図面決定。出退標示器、放送設備打合。

7月 1日　中村貞四郎氏嘱託となり来任。

6日　知事来場。

9日　各廊下腰は1寸3分角モザイクタイルにて色見本決定（伊奈製陶製）議場側家具布地見本決定。

11日　木村技師来所。

12日　國枝顧問来所。

15日　知事来場、大林組杜工務監督等来所、各材料手配状況報告。

16日　知事の案内にて内務省亀山孝一防空課長ほか来場。

この頃仮枠は西側面３階、コンクリート打は正面中央右２階床を施工中。

22日　知事来場。

25日　議場ギャラリーコンクリート打残工事、夜業にて終了。

26日　午後より4階スラブ*、東南隅よりコンクリート打。

知事来場。御真影は正庁内掲拝所内に金庫式の小奉安庫を購入安置することに決定。

28日　國枝顧問来場。

8月 8日　各廊下モザイクタイル（1寸角）は1階のみとし有田製品使用に決定。

11日　國枝顧問来場。

12日　床リノリウム代用品としてゴムマット一部使用決定。

22日　知事来場。日本鑿泉より鑿井能率1日3,500石充分なる旨申出。

23日　正面側3階スラブ、コンクリート打完了。

26日　國枝顧問来場。

27日　知事視察。

＊床版

28日　内務省地方局木村清司振興課長来県、県庁舎改築現場視察。

30日　議場鉄骨リベッティング本日完了。正面車寄の分建方開始。

9月 1日　知事来場。新庁舎議事堂工事大いに進捗。

2日　議場屋根仮枠完成、鉄筋は夜業にて配筋。

6日　議場屋根及同パラペット、コンクリート打、今夕にて終了。

7日　参事会員一同改築現場視察、議場内演壇その他、模型により寸法最終決定。

この頃の工程は、大工は3階東側正面木造間仕切及天井軸取付、土工は4階西側コンクリ―ト打及埋戻しその他、鳶は外部足代大工手元釘仕舞その他、鉄筋は東側正面鉄筋運び及組立加工、鉄骨は正面車寄、石工は議場廻り据付及運搬、建具は3階議場側サッシュ取付、左官は議場階段、サッシュ、モルタル塗等。

9月 16日　本館正面側右方より第4階スラブコンクリ―ト打開始。

19日　議場側第3階段便所給排水通水試験、結果良好。第3階段脇便所配管大部分完了。

22日　2階副議長室廻りより上物造作取付開始。防水工事議場屋根より開始、議場側オーダー人造ブロック据付開始、テラゾーブロック据付開始。本館4階鉄筋運搬加工。

24日　木村技師来場、ゴムタイル打合、大阪陶業へ出張、田中嘱託同道、外装タイル打合。

26日　知事来場。

29日　國枝顧問来場。

30日　知事来場。

10月 2日　知事来場。

3日　大林組より一般リノリウム製作可能の旨申出。

7日　木村技師来場、県参事会員視察。

13日　知事視察。

29日　佐藤、國枝両顧問来場、知事視察。

この頃の工程—塔屋パラペットコンクリート打、屋上防水、各階サッシュ—嵌込、内部及地下室モルタル塗、議場部屋ペンキ塗リノリウム張り等施工。

11月 5日　知事および内務省大阪土木出張所高西敬義所長来県、改築現場視察。

8日　午前10時より庁舎上棟式、定礎式ならびに議事堂清祓式挙行。

9日　議事堂県会使用の準備。

11日　高島屋の手により議場議席名札取付、議席位置等の調整、深夜に至る。
須賀商会の手によりボイラー工事徹夜完成。
大林組煙突耐火煉瓦積工事また同様。
知事各部長、政友会、民政党両支部長を新議事堂に招き懇談。
12日　午後3時過ぎ議事堂において県会開会、使用支障なし。
12月 5日　國枝顧問来場。
7日　南側リフト故障によりエレベーター落下、左官1名負傷後死亡。
10日　通常県会閉会。
20日　内務省宮村才一郎監査課長来県､午後新議事堂に於いて部課長会議を開催。
29日　本年工事終了。

工程：大工は塔屋軸組、石工は玄関車寄石加工、外部タイル張、鋳工は竪樋取付展望台手摺取付、建具扉取付、左官は外部人造石内部天井仕上、各窓硝子取付等。

昭和14年

4月 4日　新庁舎清祓式を4月22日に挙行し、26日より3日間で新庁舎に移転する日程を決定。
10日　午前8時10分より部課長会議を開き県庁舎移転の件を附議。午前10時より庁舎移転事務打合会を開催。
22日　午前11時より新庁舎清祓式執行。
26日　新庁舎へ移転開始。
28日　本日新庁舎へ正式移転。
5月16日　午前10時より庁舎屋上において竣工祭及竣工式挙行。
18日　多年本庁在職者（県吏員以下）7名に対し記念品を授与。本日より3日間一般に庁舎参観を許可。
21日　職員家族のために庁舎を公開参観。
7月 1日　「明治天皇聖蹟」の石標を玄関向って右側に建設に決定。

昭和15年

4月 9日　平知事長崎県知事に転じ、後任として近藤壌太郎北海道庁土木部長任命。
7月10日　庁舎改築事務所廃止。

写真撮影・資料所蔵、図版提供・出典一覧

頁数のみ記しているものは、その頁の全点。下記以外の写真は著者撮影。

滋賀県　p11，p15 下，p21，p27 左，p34，p78-79，p92-93，p94-95，p98-99

滋賀県立図書館　p13，p18

『滋賀県庁舎改築記念誌』1941 年　p15 上，p23，p26，p27 右，p28-p33，p41，p47，p62-64，p77

株式会社大林組　p16 上，p84-91

『建築雑誌』第 43 巻第 522 号 1929 年　p16 下

岩根順子　p25

『佐藤功一博士』1953 年　p36，p37 下，p55 中

『施政二十五年史』1935 年　p42 上

『近代建築画譜』 1936 年　p44

『愛知県庁舎新築落成記念』1938 年　p61

大津市　p96-97　p98-99

参　考　文　献

『滋賀県史　第 4 巻　最近世』（1928 年）

中村達太郎「故正員小原益知君小伝」『建築雑誌』第 43 輯第 522 号（1929 年）

「明治建築座談会（第二回）」『建築雑誌』第 47 輯第 566 号（1933 年）

「竣工建物　栃木県新庁舎」「同　滋賀県新庁舎」『建築雑誌』53 輯 652 号（1939 年）

『滋賀県庁舎改築記念誌』（滋賀県、1941 年）

「佐藤功一君を弔ふ」『建築雑誌』55 輯 678 号（1941 年）

「故正員正五位國枝博君略歴及作品」『日本建築士』第 33 巻第 4 号（1943 年）

田辺泰・猪野勇一編『佐藤功一博士』（彰国社、1953 年）

伊藤三千雄・前野嶤『日本の建築　明治大正昭和　第 8 巻』（三省堂、1982 年）

増田耕一編『街角ルネサンス』（サンブライト出版、1986 年）

『建築保全』NO54 p.87（(財）建築保全センター、1988 年）

『滋賀県近代建築調査報告書』滋賀県教育委員会 1990 年

石田潤一郎『都道府県庁舎　その建築史的考察』（思文閣出版、1993 年）

鈴木 裕士・川添 登・中川 武・米山 勇「栃木県庁舎と佐藤功一の近代的視線：佐藤功一研究・3　日本近代建築史における「早稲田建築」の系譜（4)」『日本建築学会大会学術講演梗概集　F-2』（1995 年）

『滋賀県近代化遺産（建造物等）総合調査報告書』滋賀県教育委員会 2000 年

米山 勇・岡田 義治「栃木県庁舎の設計変更について：新発見資料に基づく栃木県庁舎と佐藤功一に関する研究 1」『日本建築学会大会学術講演梗概集　F-2』（2004 年）

石田潤一郎・吉見靜子・池野保『湖国のモダン建築』（京都新聞出版センター、2009 年）

藤木 竜也「旧米子市庁舎のＬ字型平面についての考察：佐藤功一の庁舎建築設計手法に関する研究 その 1」『日本建築学会大会学術講演梗概集　F-2』（2011 年）

藤木 竜也・和田 嘉宥「旧米子市庁舎の塔屋についての考察：佐藤功一の庁舎建築設計手法に関する研究 その 2」『日本建築学会大会学術講演梗概集 2012』（2012 年）

社団法人和歌山県建築士会『和歌山県庁舎』（2012 年）

著者紹介

石田 潤一郎（いしだ・じゅんいちろう）

鹿児島県出身。京都工芸繊維大学大学院教授、工芸科学研究科建築学部門に所属。京都大学工学部建築学科卒業。同大学院博士課程修了。工学博士。京都大学助手、滋賀県立大学助教授を経て2001年から現職。

専門分野は日本近代建築史・都市史。関西の建築家と建築作品の調査研究にたずさわる機会が多く、1998～99年に行われた滋賀県近代化遺産総合調査では調査委員会委員長を務めた。2000年に建築史学会賞、2003年に日本建築学会賞を受賞。

主な著書に『都道府県庁舎―その建築史的考察』（思文閣出版）、『関西の近代建築』（中央公論美術出版）、『屋根のはなし』（鹿島出版会）、『湖国のモダン建築』（共著・京都新聞企画事業）、『関西のモダニズム建築』（監修・淡交社）などがある。

池野　保（いけの・たもつ）

滋賀県生まれ。滋賀県立短期大学建築学科卒業後、一貫して滋賀県教育委員会に勤務。現在、文化財保護課参事。

これまで、県内の社寺建築、民家や街並みなどの歴史的建造物の調査や国宝彦根城天守、国宝石山寺本堂、国宝西明寺本堂など多くの保存修理の設計監理や復原にかかわってきた。現在、建造物担当総括として、調査、指定、保存修理などに取り組むとともに、東京・宮城・島根などの博物館や、近江歴史回廊大学講座などの講師をつとめ滋賀の文化財建造物の情報発信を行っている。

主な著書に『滋賀県近代建築調査報告書』、『重要文化財長命寺本堂修理工事報告書』、『重要文化財旧西川家住宅修理工事報告書』、『蒲生町史』『湖国のモダン建築』（ともに共著）などがある。

滋賀県庁舎本館　庁舎の佐藤功一×装飾の國枝博

2014年10月25日　第1刷発行

監　修　滋賀県
著　者　石田 潤一郎・池野 保
発行者　岩根 順子
発行所　サンライズ出版株式会社
〒522-0004 滋賀県彦根市鳥居本町655-1
電話 0749-22-0627
印刷・製本　P-NET 信州

ISBN978-4-88325-547-4 C0052 Printed in Japan　定価はカバーに表示しています。